AF346515

LE COMÉDIEN.

OUVRAGE

DIVISÉ EN DEUX PARTIES.

Par M. REMOND DE SAINTE ALBINE.

NOUVELLE ÉDITION,

Augmentée & corrigée.

A PARIS,

Chez VINCENT, Fils, rue & vis-à-vis
Saint Severin.

M. DCC. XLIX.

Avec Approbation & Privilége du Roy.

AVERTISSEMENT

DE L'AUTEUR

Sur cette seconde Édition.

LA célérité du débit d'un Livre prouve qu'il a réuſſi. Elle ne prouve pas qu'il ſoit digne de ſon ſuccès. J'attribue principalement, au bonheur que j'ai eu de ſaiſir un ſujet neuf, l'accueil favorable dont le Public a daigné récompenſer mon travail. On m'a ſû gré d'avoir oſé le premier eſſayer de fixer la Langue & la Théorie d'un Art, dont on avoit auſſi peu défini les termes que développé les principes, & en faveur de la hardieſſe du projet, on m'a pardonné les fautes que j'ai pû commettre dans l'exécution.

Autant qu'il a dépendu de moi, j'ai corrigé dans cette ſeconde Edition les endroits défectueux qu'on m'a fait appercevoir, ou que de moi-même j'ai remarqués dans la premiere. J'ai fait auſſi pluſieurs additions, & l'on verra à la fin de la ſeconde Partie quatre nouveaux Chapitres, dans leſquels je donne divers détails & quelques éclairciſſemens qu'on m'a parû déſirer.

Dès le commencement de l'Ouvrage, on reconnoîtra un changement, qui étoit néceſſaire. Lorſque j'ai avancé qu'un Comédien avoit beſoin d'eſprit, je n'ai pas prétendu que ſans cet avantage il ne pouvoit ſe faire une réputation dans ſon Art. Mes idées ſur cet article demandoient d'être expliquées. J'ai tâché de les préſenter plus diſtinctement, en continuant ce-

pendant de soutenir que si les personnes de Théâtre,
auxquelles on a reproché le défaut d'esprit, ont effectivement mérité tous les éloges qu'on leur a donnés,
elles étoient beaucoup plus spirituelles qu'on ne le sup-
posoit.

Pour combattre mon opinion sur cette question de
fait, on me cite des Actrices célébres, entr'autres,
la Demoiselle Chammellé, que Racine & Despréaux
trouvoient une Comédienne admirable, & à qui ils
n'accordoient que l'instinct & le sentiment. J'avois
négligé d'observer à cette occasion, que dans les ames
extrêmement sensibles, le sentiment devient quelquefois esprit ; & j'ai réparé cette omission. A l'égard des
louanges prodiguées à des personnes de Théâtre, même par des Poëtes dont la décision semble devoir imposer, je n'ai point dissimulé ma pensée dans un des
Chapitres que j'ai ajoûtés à mes Remarques.

Il est inutile de détailler les autres corrections que
j'ai faites, & je dirai seulement un mot des additions. En analisant les régles de l'Art du Comédien,
je ne m'étois attaché qu'aux parties les plus nobles de
cet Art. On a jugé que je devois parler de celles d'un
ordre inférieur, du moins des plus importantes. On a
exigé aussi, que je répondisse à plusieurs objections.

Si j'avois suivi le conseil de quelques personnes,
je serois entré dans la discussion d'un grand nombre
de questions qui intéressent la perfection du Spectacle.
Elles n'étoient point étrangéres à mon Sujet, mais elles
l'étoient au plan que me prescrivoit la division de
mon Ouvrage, & par cette raison, je me suis abs-
tenu de les examiner.

PREFACE.

IL est étonnant que per-
sonne n'ait fait à notre Nation un présent, qui lui con-
venoit plus particuliérement
qu'à toute autre. L'art de com-
poser des Piéces de Théâtre a
été porté dans ce Royaume à
un plus haut dégré de perfection que par-tout ailleurs. On
auroit dû naturellement y voir
quelqu'un entreprendre de ré-
diger, d'une façon claire &
méthodique, ce qu'on peut
dire sur l'art de les représenter.

Un Philosophe, en déve-
loppant les secrets de cet art,
non-seulement n'avoit pas à

craindre de parler aux Lecteurs une langue étrangere ,
mais étoit prefque certain de
leur offrir un Ouvrage agréable. Si la Tragédie & la Comédie ont pris en France leur
plus noble effor , les fictions
dramatiques , fur-tout lorfqu'elles font foutenues du jeu
Théâtral , font auffi l'un des
amufemens les plus chéris des
François. Il n'étoit point douteux qu'ils ne fuffent gré des
efforts qu'on feroit pour rendre , en augmentant le nombre des bons Comédiens , la
repréfentation de ces fictions,
plus digne encore de plaire. Il
n'étoit pas douteux non plus,
que la curiofité ne fût excitée
par le titre d'un Livre , dont le

ſujet eſt riant par lui même, & fournit de l'exercice à l'imagination, ainſi qu'au raiſonnement.

A la vérité, ſi l'agrément, dont cette matiére eſt ſuſceptible, avoit de quoi tenter un Auteur, la difficulté de la traiter avec ſuccès pouvoit détourner de la choiſir. Pour répandre quelque lumiere dans la Théorie d'un Art de goût, il faut ſoumettre au raiſonnement & à l'analiſe diverſes vérités, qui ſemblent n'être que du reſſort du ſentiment : il faut en concilier pluſieurs, qui préſentent en apparence des contradictions : il faut en même tems diſtinguer des idées,

A iij

qui ne différent que par de legeres nuances , & faire appercevoir ces nuances au Lecteur le moins clair-voyant. C'est un projet hardi , que de faire le premier cet essai sur un Art qui renferme autant de parties que l'Art du Comédien , & sur les principes duquel on est si peu d'accord.

Tout le monde convient que les Acteurs , soit Tragiques , soit Comiques, ont besoin de plusieurs présens de la nature , mais l'unanimité cesse lorsqu'on descend dans l'énumération de ceux qui leur sont nécessaires. On est même souvent opposé dans des points , à l'occasion desquels

il ne devroit point y avoir
de dispute, & tous les jours
nous entendons dire qu'une
qualité domine trop chez un
Comédien, tandis qu'il nous
paroît en être absolument
privé. Par rapport aux régles
de l'art, on ne pense guéres
plus uniformément. Non-seulement les uns rejettent des
maximes que les autres donnent pour constantes, mais on
n'attache pas les mêmes sig-
nifications aux termes qu'on
employe.

Dans une telle diversité,
l'Auteur de cet Ouvrage tâ-
chera de démêler la vérité
de l'erreur. Il n'a garde de
prétendre toûjours y réussir,
& peut-être, en y réussissant,

ne sera-t-il pas à l'abri des contradictions ? Sans doute même quelques personnes traite-
ront de témérité sa hardieffe
à parler d'un Art, qu'elles
fuppofent ne devoir point
lui être familier. Il les priera
d'obferver que fur les Arts,
qui puifent leurs principes
dans la nature & dans la raifon, tout homme fenfible &
raifonnable a droit de hazarder fes conjectures. De plus,
il n'eft pas difficile de prouver que fes jugemens ont
pour le moins autant d'au-
torité que ceux des perfonnes qui proffent ces Arts.
Les décifions de celles - ci
doivent être fufpectes, parce
qu'elles peuvent être inter-

reſſées. Quelque importante que ſoit une qualité, rarement un Acteur, ſi elle ne ſe trouve pas en lui, fera-t-il ſentir la néceſſité dont elle eſt au Théâtre. On ne doit donc pas ſe mettre en peine, que ceux qui écrivent ſur certains Arts ayent les talens convenables pour les exercer avec applaudiſſement, mais ſeulement qu'ils ayent les lumiéres néceſſaires pour en parler avec connoiſſance.

Quand ils ne laiſſeroient rien à déſirer à cet égard, & quand on ſouſcriroit à toutes les vérités qu'ils avanceroient, contenteroient-ils tous les Lecteurs ? Non ſans doute. Vous ennuyez les uns, si vous n'égayez continuellement leur imagination. Vous blessez la gravité des autres, si vous n'occupez sans cesse leur jugement. Ceux-ci veulent que vous approfondissiez tout : ceux-là, que vous ne leur donniez que la fleur de chaque matiere.

Si dans ce Livre l'Auteur avoit consulté ses seuls interêts, il ne se seroit attaché qu'à déduire d'une hypothese quelques réflexions fines & génerales, & à créer un ingénieux fistême, qui auroit pû servir de base aux regles de l'Art, mais dans lequel les Artistes ne les auroient pas apperçues. Il a

confulté principalement les
interêts des Lecteurs, à l'in-
ftruction defquels il deftine
cet Ouvrage. Son intention a
été, en attendant qu'il paroiffe fur l'Art du Comédien
un Traité tel qu'on auroit
droit de le défirer, d'aider
les perfonnes qui veulent em-
braffer cette Profeffion, à
connoître fi elles font propres au Théâtre, & à dé-
couvrir quelques-uns des
moyens, par lefquels elles
peuvent efpérer de s'y faire
applaudir.

Pourvû qu'elles retirent
quelque fruit de fon travail,
il fe confolera de plaire moins
à celles qui ne liront ceci
que pour leur amufement,

& il s'estimera assez heureux, si après avoir fait ce
qui dépendoit de lui, pour
donner aux Acteurs novices
un Livre qui leur manquoit,
il ne les voit pas continuer
de se plaindre de leur indi-
gence sur cet article.

INTRODUCTION.

L E pouvoir de la Peinture est fort étendu. Avec son secours, il semble que des personnes cheres, séparées de nous, continuent de nous être présentes : une triste solitude paroît devenir un séjour riant & peuplé : nous croyons que ce qui n'est plus recouvre l'existence, & qu'elle est donnée à ce qui n'est pas encore : les Spectacles réservés pour différens peuples paſſent ſucceſſivement en revue) devant nous. Mais quelque admirables que ſoient les Ouvrages de cet Art merveilleux, ce ne ſont que de ſimples apparences, & bientôt nous reconnoiſſons qu'il nous offre des phantômes pour des objets réels. En vain la Peinture ſe vante de faire reſpirer la toile. Il ne ſort de ſes mains que des productions inanimées. La Poëſie dramatique fournit au contraire des idées & des ſentimens aux êtres qu'elle enfante, & à l'aide du jeu Théâtral elle leur prête la parole & l'action. Les yeux ſeuls ſont ſéduits par la Peinture. Les preſtiges du Théâtre ſubjuguent les yeux, les oreilles, l'eſprit & le cœur. Le Peintre ne peut que repréſenter les évenemens. Le

Comédien en quelque forte les reproduit.

Son Art eſt par cette raiſon un de ceux auxquels il appartient le plus de nous faire éprouver un plaiſir complet. Notre imagination eſt preſque toûjours obligée de ſuppléer à l'impuiſſance des autres Arts imitateurs de la nature. Celui du Comédien n'exige de nous par lui-même aucun ſupplément, & quand l'illuſion eſt imparfaite, ce n'eſt point par l'imperfection de l'Art, c'eſt par les défauts, ou par les fautes des perſonnes qui le profeſſent.

Que leur principale attention, avant de s'expoſer à notre cenſure, ſoit de conſidérer de quelle maniere le ſort les a traitées, de ſe juger avec la même ſévérité qu'elles ont à craindre du Public,

& d'examiner ſi elles ne ſont pas privées des dons naturels, ſans leſquels elles ne peuvent plaire, même au commun des Spectateurs. Poſſedent-elles ces avantages ? Qu'elles s'efforcent d'acquérir les talens, ſans leſquels elles ne peuvent plaire aux Spectateurs, qui ont du goût & du diſcernement.

Il faut que la Nature ébauche le Comédien. Il faut que l'Art acheve de le former.

LE COMEDIEN.

PREMIERE PARTIE.

Des principaux avantages que les Comédiens doivent tenir de la Nature.

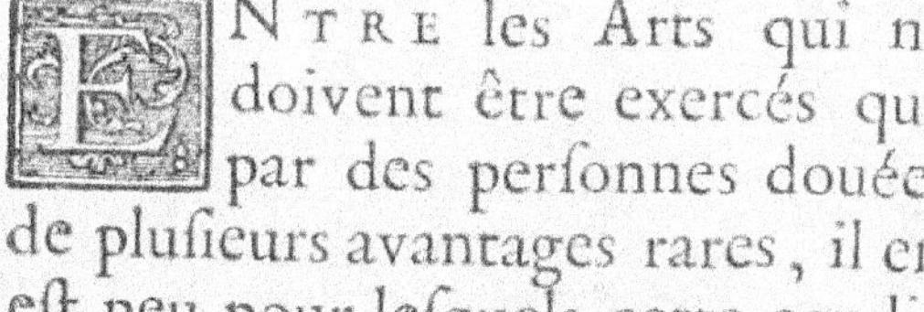

Ntre les Arts qui ne doivent être exercés que par des personnes douées de plusieurs avantages rares, il en est peu pour lesquels cette condi-

B *

tion soit aussi essentielle que pour celui de jouer la Tragédie ou la Comédie. Les Comédiens sont comptables à notre esprit, de le tromper, & à notre cœur, de l'émouvoir. Pour satisfaire à ces deux obligations, ils ont besoin que la Nature les seconde d'une façon particuliere.

Il importe principalement à notre plaisir, que ceux d'entr'eux, qui jouent les rôles dominans, nous fassent illusion, & c'est sur-tout de leur part, que nous attendons les mouvemens qui doivent nous agiter. Ces Acteurs ont encore plus besoin que les autres, d'être favorisés de la Nature.

Dans l'examen des dons naturels, nécessaires en general à tous les Comédiens, je m'arrêterai seulement à diverses questions, qui jusqu'à présent n'ont pas été bien éclaircies. J'entrerai ensuite dans le détail des avantages nécessaires à quelques Acteurs en particulier.

On ne peut trop détourner d'u-
ne folle entreprise ceux qui,
n'étant point faits pour remplir
sur la scene les premiers emplois,
ont cependant cette ambition. Je
destine à cet objet le second Livre
de cette premiere Partie.

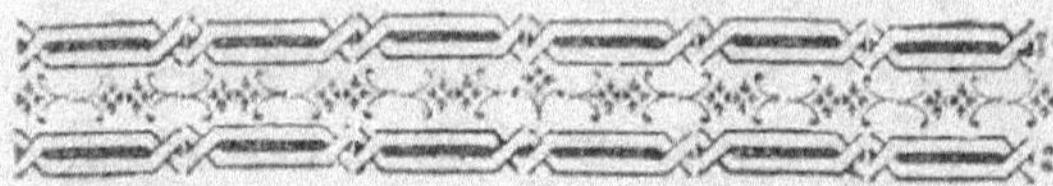

LIVRE PREMIER,

Dans lequel l'Auteur combat différens préjugés, & fait plusieurs remarques sur quelques-uns des avantages nécessaires en général à tous les Comédiens.

CHAPITRE I.

Est-il vrai qu'un Comédien puisse, sans esprit, exceller dans son art ?

UN fait, pour être générale-ment affirmé, n'en est pas toujours plus certain. J'ai souvent entendu dire que des Acteurs, dont on vantoit les talens, manquoient d'esprit. Mais il est facile de prou-ver, ou qu'ils en avoient beaucoup plus qu'on ne leur en suppofoit , ou qu'on les jugeoit beaucoup plus par-faits dans leur art, qu'ils ne l'étoient effectivement. Si l'on a de la peine à ne pas accorder de l'efprit à des gens qui fe diftinguent dans des profef-fions purement méchaniques, com-ment difputera-t-on cet avantage à l'habile Comédien ? Peut-il mériter continuement nos fuffrages , fi un coup d'œil jufte ne lui fait apper-cevoir à tous les inftans , & toû-jours avec certitude , tout ce que demande de lui chacune de fes différentes pofitions , & s'il n'a pas ce fentiment fin des convenances, qui doit être la bouffole des Au-teurs & des Acteurs ?

Il ne fuffit pas qu'il faififfe toutes les beautés de détail de fon rôle. Il faut qu'il diftingue la vraie ma-niere , dont chaque beauté doit être rendue. Il ne fuffit pas qu'il foit capable de fe paffionner. On veut qu'il ne fe paffionne qu'à pro-pos , & dans le dégré qu'exigent les

B iij

circonstances. Il ne suffit pas que sa figure soit propre au Théâtre, & que son visage puisse exprimer. Nous sommes mécontens, pour peu que son expression ne s'accorde pas exactement & constamment avec les mouvemens qu'il est obligé de nous faire paroître.

Non seulement il est essentiel qu'il ne fasse rien perdre aux discours de leur force ou de leur délicatesse, mais il faut qu'il leur prête toutes les graces que la récitation & l'action peuvent leur fournir. Il ne doit pas se contenter de suivre fidélement son Auteur : il faut qu'il l'aide , & qu'il le soutienne. Il faut qu'il devienne Auteur lui-même *; qu'il sache non seulement exprimer toutes les finesses d'un rôle , mais encore en ajoûter de nouvelles; non seulement exécuter, mais créer. Un regard, un geste , sont souvent un

* On sera convaincu de cette vérité lorsqu'on lira ce que je dirai, dans la seconde Partie de cet Ouvrage , sur les finesses de l'art des Comédiens.

bon mot dans une Comédie, ou
un sentiment dans une Tragédie.
Souvent une infléxion, un silence,
placés avec art, ont fait la fortune
d'un vers, qui n'auroit point attiré
l'attention, s'il avoit été débité
par un Acteur médiocre, ou par
une Actrice du commun.

L'art de ne se passionner qu'à
propos, & dans le degré qu'exigent les circonstances, a pour le
moins autant de difficulté que celui de faire valoir les discours. Un
Poëte qui possede la science de
maîtriser les ames, & de les mo-
difier à son gré, employe inutilement tous les ressorts dont cette
science lui enseigne l'usage. Lorsque les Acteurs ne concourent pas
avec lui, à produire les effets qu'il
veut operer, il est exposé souvent
au risque de voir les Spectateurs
rire de ce qui devroit faire couler
leurs pleurs, ou exciter leur admiration. Peu de personnes sont en
état de juger de la mesure d'esprit

qui est nécessaire à un Comédien,
pour ne prendre jamais le change
sur le sentiment ; pour ne point
l'outrer & ne point l'affoiblir ;
pour remarquer les differens degrés par lesquels l'Auteur veut
faire passer le cœur & l'esprit des
Auditeurs, & passe lui-même d'un
mouvement à un mouvement opposé.

Il est un coloris propre à la
Poësie, & qui, quoique fort different de celui qu'employe la Peinture, est assujetti aux mêmes regles. On exige de l'une & de l'autre la même entente des teintes,
le même discernement dans la
distribution des clairs & des om-
bres, le même soin d'observer la
dégradation de la lumiere, le même talent d'éloigner ou de rap-
procher les objets. Le Comédien
est Peintre ainsi que le Poëte, &
nous leur demandons comme au
Peintre, cette ingenieuse théorie
des nuances, dont la docte impo-

sture par une détonation insen-
sible conduit nos yeux du premier plan du tableau au plan le
plus reculé. De même que le
Peintre souvent nous fait voir
un très-grand païs dans un très-
petit espace, le Poëte quelquefois
dans un très-petit nombre de vers
prête à ses Acteurs une grande
multitude d'impressions fort différentes. Mais l'un & l'autre s'appli-
quent à ne point nous représenter
comme voisines, les choses entre
lesquelles la nature a mis une extrême distance. Il est du devoir
du Comédien d'avoir la même
attention, & de ménager habile-
ment les passages par lesquels il
fait succeder une passion à une
passion contraire.

L'Acteur a besoin également de
finesse & de précision, pour faire
valoir les discours, & pour rendre
les sentimens. Il n'en a pas moins
besoin pour observer les convenances qui doivent accompagner

l'expreſſion ; pour compoſer non ſeulement ſa phiſionomie , mais encore tout ſon extérieur , ſelon le rang , l'âge & le caractère de la perſonne qu'il repréſente, & pour meſurer ſes tons & ſon action à la ſituation dans laquelle il eſt placé.

L'eſprit eſt donc auſſi néceſſaire au Comédien , que le Pilote l'eſt à un vaiſſeau. C'eſt l'eſprit qui tient le gouvernail ; c'eſt lui qui dirige la manœuvre , & qui indique & calcule la route. Quelquefois , dans la Tragédie , le ſentiment peut ſuppléer à l'intelligence chez les Acteurs. Une longue expérience du Théâtre peut auſſi quelquefois leur tenir lieu de l'un & l'autre de ces avantages. Peut-être même un Comédien aura-t-il reçu de la nature d'autres dons naturels en un dégré ſi éminent , que dans les momens où l'uſage, qu'il en fera par inſtinct , ſera d'accord par hazard avec les choſes qu'il récitera , il nous forcera de l'ap-

plaudir ? Mais bientôt un contre-
fens dans le ton, dans le gefte,
dans l'expreffion du vifage, nous
avertira que c'eft à fon organifa-
tion, & non à lui, que nous devons des applaudiffemens.

Plaignons les Auteurs qui font
dans la néceffité de confier le fort
de leur réputation à de femblables
automates, & félicitons ceux qui
ont le bonheur de ne voir leurs
Ouvrages joués que par des Acteurs, capables de conferver au
beau tout fon luftre, & de prêter
de l'éclat au médiocre. Félicitons
fur-tout les Auteurs Comiques,
dont les Pieces font foutenues par
le jeu délicat & raifonné d'un Comédien, favant dans l'art de joindre
le fin au naturel & le noble au comique, & qui a porté plus loin
qu'aucun autre le talent de faire
rire nos Petits-maîtres de leurs
ridicules.

Selon les apparences, on ne re-
prochera point le défaut d'efprit

à cet Acteur, & rarement voit-on
les excellens Comiques être soup-
çonnés de n'en point avoir. Il n'en
est pas de même des Tragiques, &
telle personne, qui lit ceci, a peut-
être accusé plusieurs des plus célébres, d'être privés de cette qualité.

Si l'on avoit de l'esprit une idée
plus saine, on auroit été plus
juste à leur égard. Ils avoient sans
doute peu de cet esprit, qui dans
certaines sociétés procure le plus
de réputation, & qui en mérite
le moins ; de cet esprit destiné
pour la montre plutôt que pour
l'usage, & qu'on peut comparer
à ces arbres qui portent beaucoup
de fleurs, mais qui ne produisent
point de fruits ; de cet esprit, qui
nous fournissant une vaine parure,
& ne nous servant de rien dans
nos besoins, nous fait briller dans
les choses inutiles, & ne nous est
d'aucun secours dans celles où il
nous importe le plus de réussir.

En récompense, la nature doua

les Acteurs, dont il est question, d'une autre espece d'esprit,
qui s'annonce avec moins de faste,
mais qui nous conduit plus sûre-
ment. Ils ont eu assez de lu-
mieres, pour connoître les mis-
teres les plus cachés de leur art :
ils ont sçu tirer de cette connois-
sance tous les avantages qu'ils
en pouvoient tirer, & par conséquent ils ont eu beaucoup d'esprit.

Cependant, comme je l'ai dit,
on a prétendu qu'ils en manquoient, & l'on n'a fait presque
jamais le même reproche aux
Comiques superieurs. D'où vient
cette différence ? Ne seroit-ce
point, parce que les finesses du
jeu des derniers sont plus de nature à être apperçues du commun
des Spectateurs, que celles du jeu
Tragique ? L'esprit dans la Tragédie doit chez l'Acteur, ainsi que
chez l'Auteur, ne se montrer
pour l'ordinaire que sous la forme

du sentiment, & l'on a plus de peine à le reconnoître ainsi déguisé. Souvent même ceux qui peuvent le deviner sous ce masque, ne s'en donnent pas la peine. Quand on va à la Tragédie, c'est moins pour faire usage de son esprit que de son cœur. On s'abandonne aux mouvemens que le Comédien excite. On n'examine point, par quelle route il parvient à les faire naître. A la Comédie, l'esprit est plus libre, & plus en état de distinguer les effets produits par l'art de l'Auteur, & ceux qui sont dûs à la seule habileté du Comédien.

CHAPITRE II.

Ce que c'est que le Sentiment. Cette qualité est-elle plus importante chez les Acteurs Tragiques que chez les Comiques?

LES personnes, qui sont nées tendres, croyent pouvoir avec cette disposition entreprendre de jouer la Tragédie : celles, dont le caractere est enjoué, se flattent de réussir à jouer la Comédie, & il est vrai que le don des pleurs chez quelques Acteurs Tragiques, & la gaieté chez les Comiques, sont deux des plus grands avantages qu'on doive souhaiter. Mais ces avantages ne font qu'une partie de ceux dont l'idée est renfermée dans le mot de *Sentiment*. La signification de ce mot a beaucoup plus d'étendue, & il

défigne dans les Comédiens la facilité de faire fuccéder dans leur
ame les diverfes paffions , dont
l'homme eft fufceptible. Comme
une cire molle , qui fous les doits
d'un favant Artifte devient alter-
nativement une Medée ou une
Sapho , il faut que l'efprit & le
cœur d'une perfonne de Théâtre
foient propres à recevoir toutes
les modifications que l'Auteur
veut leur donner.

Si vous ne pouvez vous prêter
à ces métamorphofes , ne vous
hazardez point fur la fcene. Au
Théâtre , lorfqu'on n'éprouve pas
les mouvemens qu'on a deffein de
faire paroître , on ne nous en préfente qu'une imparfaite image , &
l'art ne tient jamais lieu du *Sentiment.* Dès qu'un Acteur manque
de cette qualité , tous les autres
préfens de la nature & de l'étude
font perdus pour lui. Il eft auffi
éloigné de fon perfonnage , que
le mafque l'eft du vifage.

Le

Le don de plier son ame à des impressions contraires est néces-saire dans la Tragédie. Peut-être, contre le préjugé commun, l'est-il encore plus dans la Comédie?

La majesté de la Tragédie ne lui permet de nous occuper que d'actions éclatantes, & elle est obligée d'user constamment des ressorts, qui sont le plus en possession de les produire. Les princi-paux de ces ressorts sont l'amour, la haine & l'ambition. Aussi les Pieces Tragiques ne nous offrent guéres que de tendres Amans, qui pour l'ordinaire arrosent de leurs larmes le chemin par lequel ils doivent arriver au terme de leurs maux; de genereux Vengeurs, qui cherchent à appaiser les mânes de leurs Parens, ou à rendre la liberté à leur patrie, par la mort d'un Meurtrier ou d'un Usurpateur; de celebres Criminels qui foulent aux pieds les devoirs les plus saints, pour monter sur un Trône, d'où bientôt ils seront précipités à leur tour. Quelquefois seulement, & de loin en loin, la Tragédie nous tracera l'image de l'amour maternel ou de l'amour conjugal, certaine de nous interresser pour le premier, même avec de médiocres efforts, mais ayant besoin de toutes les ressources de son art pour faire goûter au François volage la peinture du second.

Non seulement la Tragédie n'a qu'un certain nombre de passions favorites, mais celles qui sont à son usage ont entr'elles de la conformité, parce qu'elles sont violentes & tristes. Ses Heros s'emportent ou se plaignent. Ce sont des furieux qui ne respirent que le sang, ou des malheureux qui gémissent sous le poids de leurs infortunes, & de celles des personnes qui leur sont cheres. Les uns & les autres sont tourmentés continuellement de leur courroux ou de leur affliction ; de l'impa-

tience de voir leurs souhaits ac-
complis , & du chagrin d'en voir
l'exécution retardée par de puif-
fans obftacles. Si un Poëte Tragique , fufpendant pour un moment le trouble & les fanglots ,
donne quelque relâche aux Acteurs & aux Spectateurs , ce n'eft
que pour les faire retomber bientôt dans un état plus cruel encore
que celui d'où il les a tirés.

Toutes les paffions font au contraire du domaine de la Comédie ,
& l'Acteur Comique ne peut paffer que pour novice dans fon Art ,
lorfqu'il ne fait pas exprimer également les tranfports d'une joye
folle & ceux d'un vif chagrin , la
tendreffe ridicule d'un vieillard
amoureux & la finiftre colere d'un
jaloux , la noble audace d'une ame
courageufe , & la timidité dégra-
dante d'un cœur pufillanime , l'admiration ftupide & l'orgueilleux
dédain , les extravagances de l'a-
mour-propre bleffé ou fatisfait ,

enfin tous les mouvemens qui peuvent nous agiter.

Ce n'est pas affez qu'il puiffe
emprunter l'image de toutes les
paffions, s'il n'a pas le don de
paffer rapidement de l'une à l'autre. Le devoir de la Comédie
étant de faire naître & d'entre-
tenir la joye, & les Poëtes Comiques fachant que l'uniformité
en eft la plus cruelle ennemie,
ils font attentifs à rendre leurs
Acteurs dans le cours d'une même
Piece, quelquefois dans le cours
d'une même fcene, le jouet d'une
infinité d'impreffions contraires,
dont l'une chaffe fubitement l'autre, pour être chaffée elle-même
auffi fubitement par une troifieme.

Arnolphe dans l'Ecole des femmes éprouve en un petit nombre
de minutes tous les contraftes que
peuvent produire en lui la curiofité de favoir ce qui intéreffe fon
amour, & la crainte d'apprendre

que son amour est trahi ; le re-
pentir de s'être éloigné si mal-à-
propos de l'objet de sa tendresse,
& la satisfaction d'être certain
qu'il n'est pas aussi malheureux
qu'il croyoit l'être. Lorsqu'Agnès
lui avoue si ingénûment qu'elle
ne peut l'aimer, à combien de
mouvemens divers n'est pas en
proie ce Jaloux, désesperé de ne
pouvoir intimider ni fléchir son
Ingrate ? Quelle opposition d'aver-
sion & de tendresse, d'emportement & de douceur, de fierté &
d'abaissement, de tristes projets
de vengeance, & d'assurances comiques de tout oublier !

Si, en jouant la Comédie, il
importe de faire succéder dans
son ame plus de différentes impressions, il est essentiel, en
jouant la Tragédie, d'éprouver
plus fortement chacune des impressions qu'on est obligé d'exprimer. Chez l'Acteur Comique, il
faut que le *Sentiment* soit un ins-

trument plus universel. Chez l'Acteur Tragique, il faut qu'il soit plus mâle, & capable de produire de plus grands effets. Le premier n'a besoin que d'une ame, telle que peuvent l'avoir tous les hommes. Le second en a besoin d'une qui ne soit pas dans l'ordre commun.

De là il résulte qu'on pardonne moins au premier, de ne pas nous montrer dans chacune de ses positions l'espece & le dégré de *Sentiment*, qu'il doit nous faire paroître. Pour prononcer sur l'exactitude des Acteurs Tragiques à remplir ce devoir, nous manquons souvent d'objets de comparaison. Nous n'en manquons jamais pour juger les Acteurs Comiques, & en examinant ce qui se passeroit dans notre cœur, si nous étions dans la même situation où l'Auteur place leur personnage, nous sommes à portée de décider s'ils sont de fideles copies de leur modele.

Cette propofition, me dira quelqu'un, ne fera point conteftée. Ce que vous avez avancé fur la néceffité, dont eft le *Sentiment* aux perfonnes de Théâtre, ne peut-il l'être ? Vous avez établi pour principe, que fur la fcene on n'exprime qu'imparfaitement une paffion, fi on ne l'éprouve effectivement. Mais comment nous perfuaderez-vous que des Actrices, qui favent fi bien feindre en particulier des fentimens qu'elles n'éprouvent point, ne puiffent les feindre en public, & qu'étant fi habiles à fe contrefaire avec des Amans, elles foient incapables de fe contrefaire avec les Spectateurs ?

L'objection eft facile à réfoudre. On ne doit pas être étonné qu'elles réuffiffent mieux à tromper des regards deftinés à leur être favorables, qu'à fe déguifer à des yeux qui ne font ouverts que pour les examiner avec une

curiosité critique. L'amour-propre de l'Amant sert presque toûjours fidelement la Maîtresse. Celui du Spectateur ne sert pas de
même la Comédienne. La vanité
du premier le porte à s'imaginer
voir l'une telle qu'elle n'est pas.
La vanité du second lui fait craindre de ne pas voir l'autre telle
qu'elle est. L'un goûte du plaisir
à se laisser séduire. L'autre en
goûte d'avantage à montrer qu'il
n'est pas la dupe du prestige, lorsque l'artifice est trop grossier pour
lui faire illusion. Il consent d'être
abusé, mais il veut que son erreur
ait l'air raisonnable.

La Maîtresse & la Comédienne
ont seulement cela de commun,
qu'il leur sera d'autant plus facile
d'emprunter les signes d'une passion, qu'elles seront moins domi-
nées par une passion opposée. De
ce principe, il s'ensuit qu'une personne de Théâtre ne sauroit avoir
trop d'attention, à ne donner sur

elle, que le moins de prise qu'il
est possible, aux évenemens heureux ou malheureux, qui lui arrivent. Quand elle s'affecte trop
vivement des moindres sujets de
chagrin ou de joye que lui donnent ses affaires domestiques, il
est rare qu'elle s'abandonne séri-
eusement aux diverses impressions
que ses rôles exigent d'elle. Difficilement pourra-t-elle chasser à
son gré le sentiment de ce qui la
touche personnellement, pour se
rendre propres les sentimens de
son personnage.

CHAPITRE III.

Un Comédien peut-il avoir trop de Feu ?

IL est des Acteurs, qui en criant
& en s'agitant beaucoup, s'efforcent de remplacer par une cha-

leur factice le *Feu* naturel, qui leur manque. Il en est plusieurs, à qui la foiblesse de leur constitution & de leurs organes ne permet pas d'user de cette ressource. Ces derniers, ne pouvant entreprendre d'en imposer à nos sens, se flattent d'en imposer à notre esprit, & ils prennent le parti de soûtenir que le *Feu* chez les gens de leur Art est plûtôt un défaut qu'une perfection.

Les uns sont de faux monnoyeurs qui nous donnent du cuivre pour de l'or : les autres, des foux qui prétendent nous persuader que les frimats sont des beautés de la Nature, parce qu'elle couvre de neige pendant la plus grande partie de l'année le pays qu'ils habitent.

Ne soyons point les dupes de l'artifice des premiers, ni des sophismes des seconds. Ne prenons point les cris & les contorsions d'un Comédien pour de la cha-

leur, ni la glace d'un autre pour
de la sagesse, & bien loin d'imi-
ter certains amateurs du Spectacle, qui recommandent soigneusement aux Débutantes dont les
succès les interressent, de modérer leur *Feu*, annonçons aux personnes de Théâtre, qu'elles ne
peuvent trop en avoir ; que plusieurs d'entr'elles n'ont le malheur
de déplaire au Public, que parce
que la nature ne leur a pas accordé cette qualité, ou parce que
leur timidité les empêche d'en
faire usage ; qu'au contraire quelques-uns des Acteurs qui sont applaudis, jouiroient d'une réputation encore plus générale & moins
contestée, s'ils étoient plus animés de cette précieuse flamme,
qui donne en quelque sorte la vie
à l'action Théâtrale.

On ne révoquera point en doute
ces propositions, lorsqu'on cessera
de confondre la véhémence de la
déclamation avec le *Feu* du Comé-

dien , & lorſqu'on voudra faire réflexion , que le *Feu* dans une perſonne de Théâtre n'eſt autre choſe
que la célérité & la vivacité , avec
leſquelles toutes les parties , qui
conſtituent l'Acteur , concourent
à donner un air de vérité à ſon
action.

Ce principe poſé , il eſt évident
qu'on ne peut apporter trop de
chaleur au Théâtre , puiſque l'action ne peut être jamais trop vraie,
& que par conſéquent l'impreſſion
ne peut être jamais trop promte
ni trop vive , & l'expreſſion répondre trop tôt ni trop fidélement
à l'impreſſion.

Vous ſerez critiqué juſtement,
lorſque votre action ne ſera pas
convenable au caractere & à la ſituation du perſonnage que vous
repréſentés , ou lorſqu'en voulant
montrer du *Feu* , vous ne nous ferez voir que des mouvemens con-
vulſifs , ou entendre que des cris
importuns. Mais alors les perſon-

nes de goût, bien loin de vous accuser d'avoir trop de *Feu*, se plaindront de ce que vous n'en avez pas assez ; comme au lieu de trouver avec le Public trop d'esprit à certains Auteurs, elles trouvent qu'ils en manquent.

Un Auteur dans une Comédie prête le langage d'un bel Esprit à un Valet ou à une Suivante : il met des madrigaux ou des épigrammes dans la bouche d'un Acteur agité d'une passion violente, & l'on dit qu'il a trop d'esprit. Il seroit plus exact de dire qu'il n'a pas celui de connoître la nature, & de l'imiter. En jouant un rôle, vous vous livrez à l'emportement dans des endroits qui n'en demandent pas ; ou si votre emportement n'est pas hors de propos, il n'est pas naturel. Vous tombez dans ces fautes, non par excès, mais par défaut de chaleur. Dès lors vous ne sentez, vous n'exprimez point ce que vous devez sentir &

exprimer. Ainsi ce n'est pas du *Feu*, c'est de la déraison & de la maladresse que nous appercevons en vous.

Quelques Lecteurs, en accordant que l'action outrée ou déplacée ne doit pas être nommée excès de *Feu*, persisteront à soutenir que sur la scene, même dans les cas où l'on ne sera point répréhensible à ces deux égards, on peut se laisser trop emporter par son ardeur. Sous prétexte qu'on doit observer une certaine gradation dans son jeu, ils objecteront que la chaleur de l'action Théâtrale ne doit se développer que successivement, & que si dans un instant le Comédien met le degré de vivacité qu'il ne doit employer que quelques instans après, on sera en droit de lui reprocher trop de *Feu* dans le premier de ces instans.

Ce raisonnement est moins solide que spécieux, & il a été détruit d'avance par la distinction établie

entre la véhémence de l'action &
le *Feu* de l'Acteur. Les Connoiffeurs fouhaitent qu'en plufieurs
occafions le Comédien ne fe livre
aux grands mouvemens que par
degrés , mais ils veulent que fon
Feu foit toûjours égal , parce qu'ils
demandent toûjours de la célérité
& de la vivacité dans le fentiment
& dans l'expreffion.

Et qu'une perfonne de Théâtre ,
qui a du fentiment , ne fe flatte
pas de pouvoir fe paffer de *Feu*.
Lorfqu'il ne s'agira que de faire
impreffion fur quelques Auditeurs , la premiere de ces qualités
peut fuffire. Elle ne fuffit pas , lorfque vous avez deffein d'émouvoir
fortement une nombreufe Affemblée. En ce cas vous avez befoin ,
non feulement de *Feu* , mais même de véhémence. L'un & l'autre
font au fentiment ce que l'agitation
de l'air eft à la flamme. Tandis que
celle-ci échauffe , qu'elle brûle même des objets voifins , elle ne pro-

duit aucun effet fur ceux qui font éloignés, fi un vent impétueux ne l'aide à porter au loin les ravages.

Un Acteur, qui manque de fentiment, ne paffe point pour un Comédien : il n'eft regardé que comme un Déclamateur. La réputation de celui qui a l'ame fenfible, mais qui manque de *Feu*, & qui ne fait point être véhément lorfqu'il eft néceffaire, fera toûjours auffi inferieure à la réputation de l'Acteur qui joint la vivacité & l'énergie au fentiment, que le fuccès de l'Orateur, chez qui l'éloquence du débit ne répond pas à celle des difcours, l'eft au fuccès de l'Orateur qui réunit l'un & l'autre de ces avantages.

Je le répete. La véhémence employée mal-à-propos, ou portée au-delà de toute vraifemblance, eft ridicule, & je ne crois pas, comme quelques perfonnes, qu'avec le commun des Spectateurs, pourvû qu'on frappe fort, il n'importe
porte

porte pas qu'on frappe juste. Mais dans les morceaux qui doivent être joués avec force, il vaut encore mieux passer un peu le but, que de ne pas l'atteindre. La premiere régle est de remuer l'Auditoire, & au Théâtre le jeu froid est toûjours le plus défectueux. Ce qu'il vous convient d'obſerver, lorſque votre rôle demande que vous ſoyez véhément, c'est de ne pas abuſer tellement de votre voix, qu'elle ne puiſſe vous ſervir juſqu'à la fin de la Piece. On ſe mocque avec raiſon d'un Athlete, qui précipitant indiſcretement ſes pas dès le commencement de la carriere, ſe met hors d'état de la fournir.

D*

CHAPITRE IV.

Seroit-il avantageux que toutes les personnes de Théâtre fussent d'une figure distinguée?

CErtains Spectateurs, moins touchés des plaisirs de l'esprit que de ceux des sens, sont attirés au Théâtre par les Actrices plûtôt que par les Pieces. Sensibles uniquement à la figure, ils sont toûjours disposés à prendre un visage aimable pour du talent, & ils voudroient que Madame Pernelle * même eût des appas. Leur annonce-t-on une Débutante? ils commencent par demander si elle est jolie, & souvent ils oublient de demander si elle est bonne Comédienne.

* La vieille mere d'*Orgon* dans la Comédie du *Tartuffe.*

Quoique les femmes assurent
que la figure est ce qu'elles exa-
minent le moins dans les hommes,
cependant un Acteur, qui n'est
pas doué de certains agrémens,
obtient difficilement leurs suffrages. Les critiques de plusieurs
d'entre elles roulent moins sur les
imperfections qui regardent l'art,
que sur celles qui regardent l'exterieur du Comédien, & presque
toûjours son plus ou moins de
bonne mine est ce qu'elles ont le
mieux remarqué.

Ainsi, du moins sur le Théâtre
François, si l'on en croit une partie du Public, une figure noble &
séduisante est absolument nécessaire.

Les Juges éclairés ne tombent
point dans cette erreur. Ils conviennent qu'il est des rôles, qui,
comme nous le verrons dans la
suite, exigent que la personne de
l'Acteur ait de quoi plaire. Ils ne
nient point, que même dans les

autres rôles on ait droit de vouloir qu'elle ne déplaise pas. Mais
ils prétendent que notre délicatesse sur la régularité des traits
& sur l'élegance de la taille n'est
un sentiment raisonnable, qu'autant que nous le renfermons dans
les bornes qu'il doit avoir. On ne
peut qu'approuver la répugnance
des Spectateurs pour les figures
choquantes, mais il est aussi injuste
que contraire à nos interêts & aux
convenances du Théâtre, de ne
vouloir admettre sur la scene que
des figures d'un ordre supérieur.

Il est des défauts corporels, qui
ne seront jamais tolerés dans un
Comédien, quoiqu'ils ayent pu
se rencontrer, & que peut-être
même ils se soient rencontrés effectivement dans les personnes,
dont il imprunte les noms. Une
jambe plus courte que l'autre, ou
une taille difforme, n'auroit point
empêché le grand Scipion d'être
regardé comme le plus illustre des

Romains. Cependant l'Acteur le plus habile, qui auroit l'une de ces imperfections, se feroit siffler en représentant ce Guerrier, & nous ne passerions point au Comédien ce que nous aurions passé au Heros. Orgon pouvoit avoir le visage défiguré par une louppe ou par une large cicatrice. Cependant nous n'accorderions point d'audience à un homme, qui se présenteroit avec l'un de ces défauts pour jouer le rôle de l'ami crédule du Tartuffe.

Cette contradiction apparente n'en est pas une. Trouvant le sort injuste, lorsqu'il donne pour demeure à une belle ame un corps défectueux, nous exigeons que le Théâtre répare à cet égard les fautes de la nature, & qu'il en dissimule les caprices ; & la Tragédie nous plaisant principalement par l'air de grandeur qu'elle prête au genre humain, nous ne voulons point que, dans les tableaux qu'elle nous offre, rien fasse diversion à l'admiration qu'elle nous donne pour notre espece. De même que nous cherchons dans la Tragédie des objets qui flattent notre orgueil, nous cherchons dans la Comédie des objets qui excitent notre gaieté. Notre intention est traversée, si tandis que le rôle nous divertit, le Comédien nous attriste, en nous rappellant par ses disgraces personnelles les accidens auxquels nous sommes sujets.

Que la difformité n'espere donc pas de nous la même indulgence que le simple défaut d'agrémens. D'un autre côté, que le défaut d'agrémens n'éprouve pas de notre part les mêmes rebuts que la difformité. Soyons sensibles, mais soyons justes. Rendons hommage aux charmes, mais respectons les talens. Laissons-nous toucher par une Comédienne, si elle est jolie, mais quoiqu'elle n'ait pas cet avantage, applaudissons-la, si elle est douée de ceux qui ne craignent point les outrages des ans ni des maladies.

Les agrémens étant plus l'appanage de son sexe que du nôtre, les femmes sont encore plus obligées d'excuser la privation de ce mérite dans un Acteur, que nous ne le sommes de la pardonner à une Actrice. Elles doivent songer que trop de sévérité sur la figure nous priveroit quelquefois de Sujets, qui ont reçu de la nature des présens beaucoup plus estimables que ceux qu'elle leur a refusés.

Ce n'est point entendre nos interêts, que de demander à tous les Acteurs & à toutes les Actrices une figure d'un ordre superieur. Ce n'est pas non plus entendre les convenances du Spectacle, & peut-être est-il à souhaiter, non seulement que toutes les perfections exterieures ne soient pas également réparties entre les Comédiens , mais encore que certains Comédiens ne poſſedent pas quelques-unes de ces perfections.

Des traits réguliers , un air noble, doivent ſans doute en géneral nous prévenir favorablement pour une perſonne de Théâtre , mais il eſt des rôles , dans leſquels elle paroîtra mieux placée , ſi la Nature ne lui a pas accordé ces avantages. Je n'ignore pas qu'on voit , ſans être bleſſé du défaut de vraiſemblance ; qu'on voit même avec plaiſir une jeune beauté ſe charger d'un perſonnage de Vieille , & un Acteur fait pour plaire , repréſenter un Payſan mauſſade & groſſier. Je n'ignore pas que nous allons à la Comédie , moins pour voir les objets eux-mêmes, que pour en voir l'imitation ; que quelque ſéveres que nous ſoyons ſur la conformité que nous exigeons entre l'original & la copie , nous déſirons cependant pour l'ordinaire ,

que les Comédiens n'ayent pas
les défauts, dont ils entrepren-
nent de nous offrir l'image; que
souvent la copie nous charme,
tandis que l'original nous seroit
désagréable, & qu'un homme,
qui se présenteroit yvre sur la
scene, seroit mal reçu, même
en y jouant un rôle d'Yvrogne.
Mais il faut distinguer plusieurs
sortes de rôles Comiques.

Quelques-uns nous divertissent
par la seule imitation de certains
ridicules. Le plaisir, que nous
font quelques autres, naît du
contraste qui se trouve, soit entre les prétentions du personnage,
& les titres sur lesquels il les
fonde, soit entre l'effet qu'il devroit produire sur les autres personnages mis avec lui en action,
& l'effet qu'il produit sur eux.

Dans les rôles de la premiere
espece, plus l'Acteur a les perfections, opposées aux défauts que
la vérité de la Représentation de-

mande qu'il imite, plus nous lui savons gré de nous préfenter un portrait fidele de ces défauts.

Dans les rôles de la feconde efpece, moins l'Acteur a les perfections, dont fe pique le perfonnage qu'il repréfente, ou celles qu'attribuent à ce perfonnage les autres perfonnages extravagans de la Piece, plus il fait paroître ridicules la folle préfomption de l'un & le bifarre jugement des autres, & par conféquent plus il jette de comique dans l'action.

Le rôle d'un homme que l'Auteur fuppofe afpirer mal-à-propos au titre de beau, excitera moins de rifée s'il eft joué par un Comédien à qui ce titre puiffe convenir, que s'il l'eft par un autre qui ait moins fujet de fe louer de la Nature. L'erreur d'une dupe, qui prend un Valet pour un homme de qualité, nous réjouira moins, lorfque la bonne mine du

Valet pourra faire excufer cette erreur, que lorfqu'il n'aura rien en lui, qui la juftifie.

Donc, bien loin qu'il foit convenable de n'avoir que des Comédiens, dont la figure foit élégante & diftinguée, il importe à notre plaifir qu'ils ne foient pas tous formés fur ce modele.

Ils ne doivent pas cependant donner trop d'extenfion à cette maxime. Nous leur permettons de n'avoir pas certaines perfections, & non d'avoir les défauts oppofés. Il faut même qu'ils foient exemts de plufieurs défauts, fur lefquels nous ne ferions point le procès à des perfonnes, qui ne fe deftineroient pas à fe donner en Spectacle.

L'exercice de leur Profeffion fuppofe de l'efprit, & demande des graces. Nous voulons que leur phifionomie nous annonce qu'ils poffedent le premier de ces avantages. Nous ne voulons

point trouver en eux un exterieur incompatible avec le second.

On défire que tous les Acteurs
ayent une phifionomie fpirituelle.
On la defire telle, même à ceux
qui fe propofent uniquement de
repréfenter des perfonnages de
niais & de dupes. En fait de défauts, je l'ai déja dit, c'eft la
copie & non l'original que nous
cherchons au Théâtre, & nous
ne tenons aucun compte au Comédien, de nous paroître ce qu'il
eft effectivement. Il ne peut fe
faire auprès de nous un mérite
de bien jouer le rôle d'un fot
fur la fcene, qu'autant que nous
jugeons qu'il ne le joue pas dans
le monde. Nous louerons d'autant plus fon art, que pour en
faire ufage, il eft moins aidé de
la nature.

Quiconque eft doué d'une phifionomie fpirituelle, peut fe vanter de poffeder une des principales graces, mais cette grace, fur-

tout chez un Acteur, doit être accompagnée de celles de l'action. Celles-ci ne se rencontreront pas en lui, s'il ne regne pas un juste accord entre toutes les parties, dont son extérieur est composé. Des bras trop longs ou trop courts, des épaules trop hautes, ou quelques autres imperfections pareilles, nous rendront nécessairement un Comédien désagréable, parce qu'elles rendront nécessairement son action défectueuse.

N'étant qu'à un certain degré, elles ne seroient pas remarquables dans un autre homme. Etant seulement à ce même degré dans une personne de Théâtre, elles y seront insupportables. Qu'un homme se contente de demeurer dans la foule. On ne s'avise pas de le chicaner sur une bouche trop grande, ou sur des jambes qui ne sont pas absolument bien conformées. Veut-il fixer les re-

gards ? Sa bouche , qui ne pa-
roiſſoit que grande , paroît énor-
me. Ses jambes , qui paroiſſoient
ſeulement n'être pas dignes d'é-
loges , paroiſſent mériter toute
notre critique.

Non-ſeulement il ne doit point
y avoir de diſproportion entre les
parties , qui compoſent l'exterieur
du Comédien , mais encore il eſt
néceſſaire que ſa taille ne ſoit
pas trop hors de l'ordre commun. Celles qui ſont monſtrueu-
ſes par l'excès de leur grandeur
où de leur petiteſſe , ne ſont pas
les ſeules proſcrites au Théâtre.
Il eſt bien difficile qu'une perſonne trop grande réuniſſe certaines graces. La petiteſſe de la
taille ne les exclud point , mais
un petit homme ſemble ne jouir
pas des mêmes privileges qu'un
autre A voir les ris qu'il excite,
lorſqu'il montre de la colere ou
de la fierté , on diroit que quelques paſſions ne lui ſont pas per-

mifes. Du moins eft-il vrai qu'elles ne lui font pas convenables , & que l'emportement ou le deffein d'infpirer du refpect ne s'accorde pas avec la foibleffe & avec l'intérêt d'être modefte. Les mouvemens d'un Acteur n'étant qu'empruntés , il ne devroit pas être dans le même cas qu'une perfonne , chez qui ces mouvemens font naturels : cependant il fait fur nous la même impreffion. Nous nous moquerions de lui , fi nous le voyions agité d'une paffion violente. Quand fur la fcene il nous peint cette paffion , nous nous rappellons combien il feroit déraifonnable en s'y livrant hors du Théâtre. Il paroîtra donc déplacé dans la plûpart des rôles Tragiques : il le fera même dans plufieurs rôles Comiques , & en géneral on ne le fupportera que lorfque le defaut de fa taille pourra fervir à mieux faire fentir le ridicule de fon perfonnage.

REFLEXIONS

Qu'il est à propos d'ajoûter à
ce premier Livre.

I. REFLEXION.

*Les Comédiens, dans les rôles
subordonnés, ne peuvent pas
plus se passer de Feu, d'Esprit
& de Sentiment, que dans
les premiers rôles.*

L'ESPERANCE de recevoir
ces applaudissemens géne-
raux & constans, si desirés des
Auteurs & des Comédiens, n'est
permise, dira-t-on, qu'aux personnes qui remplissent au Théâtre les premiers emplois. Que
l'aimable

l'aimable Actrice , qui prête des graces si touchantes aux pleurs de Melanide ; que cette même Actrice , qui par un charmant contraste représente si naïvement le tendre embarras de la Pupille , ait toûjours fait autant d'Amans qu'elle a eu de Spectateurs. Qu'une autre Actrice , le principal orne- ment du Théâtre Italien , soit toûjours sûre qu'on l'attend avec impatience sur la scene , & qu'on ne la verra qu'à regret en sortir. Quelques envieux , pour se con- soler de n'être pas ainsi les idoles du Public , prétendront que peut- être jamais elles n'auroient joui de ces flatteuses prérogatives , si elles n'avoient paru que dans des rôles subordonnés. Ils soûtien- dront que non seulement il faut renoncer à la réputation de grand Comédien , lorsqu'on est réduit à ne jouer que des rôles de cette espece , mais encore que la Co- médienne , la plus digne de plaire, semble perdre une partie de son mérite & de ses charmes, lors-que le principal interêt ne tombe pas sur le personnage qu'elle re-présente.

De pareils discours ne feront certainement jamais beaucoup de tort à la gloire des Acteurs & des Actrices célebres, mais les induc-tions, qu'on tire de ce faux principe, causent souvent au Spec-tacle un préjudice considerable. La pluspart des Débutans suppo-sent qu'étant obligés pour l'ordi-naire d'accepter au Théâtre les emplois les moins avantageux, ils ne doivent pas s'attendre à être extrêmement fêtés par le Spectateur. De-là ils concluent que ce seroit une injustice à nous d'exiger d'eux une si grande per-fection, & qu'ils peuvent se passer de divers avantages naturels.

Il n'est point douteux que la beauté du rôle ne contribue à faire briller le Comédien. Il n'est pas

douteux non plus , qu'on ne sup-
porte plus volontiers la médiocrité dans des Acteurs, deftinés à
repréfenter des perfonnages de
peu d'importance , que dans les
Acteurs qui occupent les premieres places fur la fcene. Mais il n'en
eft pas moins vrai qu'un habile
Comédien peut faire valoir des
rôles *, dont fans lui plufieurs Spectateurs ne connoîtroient pas tout
le prix. Il eft auffi certain que fi
par la difette des fujets on pardonne au commun des perfonnes
de Théâtre , de ne pas poffeder
éminemment certains dons de la
nature, il n'y a aucun de ces dons
qu'elles ne doivent poffeder , du
moins jufqu'à un certain degré.

Qu'on prenne au hafard la meil-

* Les premiers Acteurs travailleroient pour
leur gloire , fi de tems en tems ils avoient l'orgueil de jouer des feconds & des troifiemes
rôles. L'honneur de faire découvrir , dans un
rôle, des beautés qui n'y avoient pas été apperçues, vaut bien celui de fe faire applaudir dans
un autre, qui attire des battemens de mains au
Comédien le plus médiocre.

leure ou la moins bonne Comédie des Auteurs dignes de fervir de modeles. On y verra tous
les perſonnages animer chaque
ſcene par l'exercice que leur donnent leurs paſſions , ou par celui qu'ils donnent aux paſſions
d'autrui ; par l'embarras dans lequel ils ſe trouvent , ou par celui
dans lequel leur ſubtilité ou leur
maladreſſe jette les perſonnes qu'ils
veulent deſſervir ou favoriſer ; par
leurs mépriſes comiques , fruits ingénieux de la gaieté de l'Auteur ,
& ſources fécondes d'un plaiſir
toûjours nouveau pour les Spectateurs , ou par des actions & des
diſcours , qui préſentant en même
tems diverſes faces , donnent lieu
à l'erreur de quelqu'un qu'on veut
tromper , & ſervent à la faire du-
rer. Toûjours en mouvement , ils
nous y tiennent ſans ceſſe , & les
moindres d'entre eux ſoutiennent
par-tout le nom d'Acteurs , qui
n'eſt donné aux perſonnages d'un

ouvrage dramatique , que parce
qu'ils doivent être toûjours agis-
fans.

La voix , la mémoire , fuffiront-
elles à un Comédien, pour repréfenter des perfonnages , qui fouvent ne font pas moins difficiles
à rendre que celui du Héros de
la Piece ? Si des Acteurs n'ont
point de feu ni d'intelligence , fi
la nature leur a refufé le fentiment, comment réuffiront-ils , je
ne dis pas à plaire , mais à fe faire
fupporter dans le moins confidéra-
ble de ces perfonnages ?

Dans la Tragédie , la fupériorité d'un rôle fur l'autre eft beaucoup plus grande que dans la Comédie ; mais il s'en faut bien qu'il
puiffe y avoir la même fubordi-
nation entre les talens des Acteurs
Tragiques qu'entre leurs rôles. Il
fe trouve , dans plufieurs des Pieces que jouent ces Acteurs , un
certain nombre de perfonnages ,
qui fans interreffer autant que

ceux du premier & du second ordre, disent des choses assez importantes, pour que le Spectateur
ne veuille pas les voir défigurées.
Quelques morceaux des rôles des
simples Confidens, sur-tout les récits dont ils sont souvent chargés,
sont, du moins pour le commun
des Auditeurs, aussi frappans que
les plus belles scenes par la vivacité des mouvemens & par la pompe des images.

Duquel des avantages, dont j'ai
parlé, un Comédien pourra-t-il
se passer, lorsqu'il s'agira de conserver à ces morceaux toute leur
majesté & toute leur force ? Ils
ne font à la vérité que la plus
petite partie des rôles des Confidens, mais par cette raison même
ces rôles sont peut-être les plus
difficiles à jouer. Un Acteur, sou-
tenu par un rôle continuement
pathétique, est bien mal-adroit,
s'il ne se fait pas applaudir. La
grande difficulté consiste à tirer

de son art les secours qu'on ne trouve pas dans son personnage. Pourvû qu'on n'ait pas une figure absolument disgraciée, on peut en imposer à la multitude par la magnificence des vêtemens. Il faut être extrêmement favorisé de la Nature, pour se faire respecter sous un habit modeste.

Les personnes, que diverses convenances éloignent des premiers rôles, seroient à plaindre, si ayant besoin de tant d'avantages, elles avoient lieu de croire qu'elles ne peuvent jamais s'attirer de notre part beaucoup d'attention. Dissippons cette erreur, & assurons-les, que notre estime pour elles ne se mesure point à l'importance de leurs emplois, mais au succès avec lequel elles s'en acquittent ; que le mérite se fait remarquer sous le nom de Theramene comme sous ceux de Thesée & d'Hyppolite, & que pour juger de la beauté d'un Portrait, nous n'examinons point s'il repréſente un Monarque ou un ſimple Soldat.

II. REFLEXION.

Quoiqu'on ſoit doué des princi-
paux avantages que nous exi-
geons dans une perſonne de
Théâtre , on doit ordinaire-
ment à un certain âge renon-
cer à ſe donner en ſpectacle.

CE qui a été dit ſur la figure, on peut le dire ſur l'âge pour les perſonnes de Théâtre. La pluſpart des Spectateurs ſouhaiteroient de ne voir ſur la ſcene que des figures propres à charmer les yeux. Ils ſouhaiteroient auſſi de n'y voir que des ſujets, qui fuſſent dans leur printems. Nous avons prouvé que la pre-

miere de ces prétentions étoit déraisonnable. La seconde ne l'est
pas moins.

De même qu'un personnage,
qui se pique mal-à-propos de
beauté, nous divertit d'autant plus
que cette perfection se trouve
moins dans la personne qui le
représente, un personnage, qui
aspire mal-à-propos aux prérogatives de la jeunesse, doit faire
d'autant plus d'effet qu'il est représenté par une personne, qui
ne pourroit elle-même vouloir
passer pour jeune, sans se donner
un ridicule. Quelques Acteurs Comiques gagnent donc en diverses
circonstances, à n'être plus dans
l'âge destiné pour l'amour & pour
les plaisirs.

Mais exhortons les Comédiens
& sur-tout les Comédiennes, à
ne pas abuser de ce principe.
Quand ils ne peuvent plus que
déplaire au Spectateur, qu'ils ne
s'obstinent point à se présenter à

ſes regards. Que même avant le tems où ils ſont condamnés à quitter leur profeſſion , ils ayent le courage de renoncer aux rôles qui ne leur conviennent plus.

Les uns & les autres doivent toûjours ſe ſouvenir , qu'au Spe-ctacle nous ſommes infailliblement bleſſés de tout ce qui nous donne occaſion , en nous rappellant les infirmités de la nature humaine , de faire des retours fâcheux ſur nous-mêmes. Pour l'ordinaire , lorſqu'on eſt devenu un objet plus capable d'inſpirer la triſteſſe que d'exciter le plaiſir , le meilleur parti qu'on ait à prendre eſt celui de la retraite. Il paroîtra preſque toûjours extravagant que des perſonnes , à qui l'uſage du monde interdit même la ſatisfaction de partager, du moins trop fréquemment , les amuſemens publics , s'arrogent le droit d'en être les héroïnes. Un talent unique ou extrêmement

superieur peut seul nous faire
souffrir un Acteur ou une Actrice, dont les traits flétris nous
annoncent le sort qui nous attend.

Il est permis aux personnes,
qui ont fait avec justice l'admiration des Spectateurs, de se donner plus longtems que les autres
en Spectacle. Elles doivent même,
par reconnoissance des applaudissemens qu'elles ont reçus du Public, ne point cesser de le servir,
jusqu'à ce qu'elles soient rempla-
cées par des sujets, qui aux avantages qu'elles n'ont plus, joignent
ceux qu'elles ont encore. Quand
on saura que ce n'est, ni par un
sordide interêt, ni par une folle
présomption, qu'elles demeurent
dans une Troupe, on ne leur im-
putera point les torts de la Nature, & si l'on fait attention à
leur âge, ce sera pour se plaindre
de ce que méritant de ne point
vieillir, elles sont assujetties comme les autres à la loi commune.

Les hommes peuvent plus impunément que les femmes jouer la Comédie dans un âge avancé. C'est sans doute parce que soutenant mieux qu'elles les attaques de la vieillesse, ils nous la montrent sous une image moins affligeante. On a vû deux Comédiens célebres *, loin d'être accablés du fardeau des années, continuer de porter avec autant de succès que d'ardeur celui d'une Profession, que bien des jeunes gens, même en ne remplissant pas trop exactement leurs devoirs, trouvent encore trop fatiguante. Ce qu'on demande aux personnes, qui sont autorisées par la superiorité de leurs talens à ne pas se presser de quitter le Théâtre, c'est que lorsqu'elles seront maîtresses du choix de leurs rôles, elles ne choisissent que ceux qui ne contrastent pas trop avec leur âge. Un * des deux Acteurs que je viens de citer ne nous a point,

* Baron & Guerin.

* Baron.

malgré tout fon mérite , fait approuver le penchant qu'il avoit
fur la fin de fa vie à jouer des
rôles de jeunes Princes. Nous ne
nous fommes pas accoutumés à
lui entendre donner au Théâtre
le nom de fils par des Actrices,
dont il auroit pû être le bifayeul.

LIVRE SECOND.

Par quels avantages il importe que les Acteurs, qui jouent les rôles dominans, soient superieurs aux autres Comédiens.

LEs Acteurs, auxquels dans la Comédie on donne par préférence le nom de Comiques; ceux qui dans la Tragédie représentent des personnes dignes de notre admiration par leurs vertus, & de notre compassion par leurs malheurs, & ceux qui, soit dans la Tragédie, soit dans la Comédie, jouent les rôles d'Amans, doivent posséder plusieurs dons naturels, dont peuvent se passer les autres personnes de Théâtre.

Ces dons sont de deux especes.

Les uns font extérieurs ; les autres, intérieurs. Ceux-ci feront le fujet de la premiere Section de ce Livre. Je réferverai pour la feconde ce que j'ai à dire fur ceux qui interreffent les fens des Spectateurs.

SECTION I.

Des Dons interieurs qu'on defire chez les principaux Acteurs.

CHAPITRE I.

La Gaieté eft abfolument néceffaire aux Comédiens, dont l'emploi eft de nous faire rire.

POUR peu que l'on confultât quelques gens du bel air, on banniroit de la Comédie les Valets, les Soubrettes, les Païsans, & divers autres personnages destinés à nous réjouir par leurs plaisanteries ou par leurs ridicules. Ces Spectateurs délicats exigent qu'on n'introduise jamais sur la scene que des personnes d'un certain ordre, & selon eux c'est manquer de respect au Public, que de prétendre l'occuper par des objets de moindre importance. Bien-tôt, pour qu'ils prêtent de l'attention à un Acteur, il faudra qu'il leur produise les titres de noblesse de l'homme qu'il représente.

J'avoue qu'on peut faire de bonnes Comédies, sans y employer des personnages subalternes, mais Moliere, Regnard, Dancour, & les autres maîtres du Théâtre, nous ont prouvé qu'on peut employer ces personnages, & faire des Pieces admirables. Quoique je rende autant de justice que personne aux Poëtes,

qui

qui prenant une autre route, se font attachés principalement au genre qu'on nomme le haut Comique, je pense que ce genre n'est pas le seul digne de nous plaire ; que le véritable but de la Comédie est de nous faire rire ; que pourvû qu'elle y réussisse par des moyens décens, nous ne devons pas la chicaner sur le choix de ces moyens ; que le Comique peut être fin, sans que les personnages soient d'une condition fort relevée *, & qu'il n'y a de bas Comique que celui qui décele, dans l'Auteur, des mœurs basses & un esprit rempant.

Que les Poëtes, qui savent faire parler un homme du peuple convenablement à son état & à son caractere, & cependant prêter de l'agrément à ses discours, ne craignent donc point de le faire paroître sur la scene.

* Si l'on doute de ce que j'avance, qu'on lise la Comédie des *Trois Cousines.*

F *

Mais qu'un Comédien ne fe charge point de rôles de cette efpece,
lorfqu'il eft né d'un caractere férieux.

Si une perfonne de Théâtre ne
peut avoir trop d'attention à ne
donner fur elle , que le moins
de prife qu'il eft poffible , aux
évenemens heureux ou malheureux qui lui arrivent , les Acteurs
Comiques font encore plus affujettis que les autres à cette loi.
Le defir de fe faire applaudir eft
prefque la feule paffion, qui leur
foit permife, & , à cet article
près , chacun d'eux ne doit connoître d'autre fentiment habituel
que celui de la joye. Sur-tout , il
faut que le plus ou le moins d'o-
pulence n'influe point fur leur humeur , & que leur gaieté ne dépende pas de la plus ou moins
grande abondance de la recette.

Nous voulons que fans ceffe
les ris marchent fur leurs traces,
& qu'ils fe divertiffent , en nous

divertiſſant. Ce n'eſt qu'en ſe
donnant la Comédie à ſoi-même,
qu'on peut parvenir à la bien
jouer. Quand on repréſente un
perſonnage Comique , ſans y
prendre du plaiſir , on n'a l'air
que d'un mercenaire , qui exerce
le métier de Comédien par l'impuiſſance de ſe procurer d'autres
reſſources.

Au contraire , lorſqu'on partage le plaiſir avec les Spectateurs , on eſt preſque toûjours
certain de leur plaire. L'enjouement eſt le véritable Apollon
des Acteurs Comiques. S'ils ſont
joyeux , ils ont preſque néceſſairement du feu & du génie.

N'oublions pas cependant de
les avertir que nous deſirons de
lire pour l'ordinaire dans leur jeu
ſeulement, & non ſur leur viſage,
la gaieté que leur inſpirent leurs
rôles. Les phiſionomies triſtes ne
ſont ſouffertes qu'avec peine dans
la Comédie. Mais un Comédien ,

qui se propose de nous réjouir,
nous paroîtra souvent d'autant
plus comique, qu'il affectera davantage de paroître sérieux. Je
dirai bien-tôt aux Acteurs Tragiques, *Pleurez si vous voulez que
je pleure.* Je lui dis, *Ne riez presque jamais, si vous voulez que je
rie.*

Il ne doit jamais perdre de
vue, qu'il est toûjours obligé de
demeurer caché derriere son personnage ; que le personnage nous
divertit, soit par les choses qu'il
fait ou qu'il dit de dessein pré-
médité, soit par des actions &
des discours involontaires ; que
dans la derniere supposition le
comique manque son effet, si
l'Acteur, en riant, lui ôte l'air
de naïveté qui en fait tout le
prix ; que dans le premier cas,
les plaisanteries perdent au Théâtre, comme dans la conversation, leur sel le plus piquant, si
la personne, dont elles partent,

ne diffimule avec foin fon intention de faire rire , & l'efpérance
qu'elle a d'y réuffir.

CHAPITRE II.

*Quiconque n'a point l'ame élevée,
repréfente mal un Héros.*

ON ne doit pas m'accufer
de donner le nom d'éléva-
tion de fentimens à la folie, dont
quelquefois font atteints les premiers Acteurs Tragiques. Quelquefois , fe perfuadant qu'ils ne
ceffent jamais d'être Princes , ils
ne peuvent , même en quittant
le cothurne , defcendre de leur
grandeur. Ils croyent donner audience , en recevant une vifite ,
& tenir Confeil d'État, lorfqu'ils
affiftent aux délibérations de leur
Troupe : ils dictent des ordres à
leurs Domeftiques , du ton avec

lequel les Souverains prononcent des arrêts, & ils font des politeſſes à un Auteur, qui a beſoin d'eux, d'un air à donner lieu de ſoupçonner qu'ils penſent diſtribuer des graces ou des récompenſes.

On ne doit pas non plus m'accuſer d'appeller élévation de ſentimens le préjugé de quelques perſonnes de Théâtre, qui à l'exemple d'un fameux Comédien placent les grands Acteurs à côté des plus grands hommes, & qui, ſi elles oſoient, ſoûtiendroient preſque qu'il eſt moins difficile d'être un Héros que de le bien repréſenter.

La vanité des premiers peut ne leur être pas abſolument inutile. Si d'un côté elle les rend ridicules, elle peut de l'autre les rendre plus propres à leur emploi. Elle peut les expoſer dans la ſociété à des avantures déſagréables, mais elle peut auſſi leur fournir un moyen de s'attirer plus d'applaudiſſemens au Théâtre. A force de s'accoûtumer à jouer dans leurs maiſons le rôle de Rois, ils peuvent parvenir à le jouer plus naturellement, lorſqu'ils ſont ſur la ſcene. Mais cette habitude n'influera que ſur leur extérieur. Elle ennoblira leur maintien & leur geſte, mais elle ne donnera point à leurs tons cette fierté mâle, néceſſaire pour nous inſpirer les généreux tranſports que nous attendons de la Tragédie.

La prévention de certains Comédiens pour l'excellence de leur Art peut auſſi leur être de quelque utilité, en le leur faiſant aimer davantage. Peut-être tel Acteur a dû principalement ſes ſuccès à ce ſentiment ? Peut-être, s'il avoit moins eſtimé ſa Profeſſion, auroit-il fait moins d'efforts pour y exceller ? L'ame prend néceſſairement une certaine élévation par la haute idée qu'elle se forme des objets sur lesquels elle s'exerce. Mais il y a encore loin de cette élévation à celle que les Acteurs Tragiques sont obligés de nous montrer, s'ils veulent nous satisfaire.

Celle-ci consiste dans un noble enthousiasme, produit par tout ce qui porte le caractere de grandeur, & c'est ce que je nomme hauteur de sentimens. C'est cet enthousiasme, qui distingue les excellens Tragédiens des médiocres. C'est sur-tout par ce don précieux, que les premiers font naître, dans le cœur du moindre Spectateur, des mouvemens qu'il n'imaginoit pas être à son usage.

Le pouvoir de nous élever au-dessus de nous-mêmes est le plus beau privilege de la Tragédie, mais souvent, pour en jouir, elle a besoin du secours de l'Acteur. Les discours, qui renferment les sentimens les plus héroïques, sont

pour un grand nombre de personnes ce qu'est , pour celles à
qui la musique n'est point familiere , un air simplement noté.
A moins qu'un Chanteur habile
ne lui donne l'ame & l'expression,
les ignorans n'en connoissent pas
le prix. La sublimité d'un sentiment échappe à plusieurs Spectateurs , si le Comédien ne les aide
à l'appercevoir.

Ils en ont cependant en eux le
germe , & il s'agit seulement de
l'échauffer , pour qu'il se développe. Lorsqu'en représentant un
grand homme , vous êtes rempli
de cette chaleur céleste dont il
fut animé , vous la faites passer
dans les ames les plus communes.
Vous transformez un cœur foible
en un cœur magnanime , & vos
Auditeurs , du moins pour le moment , deviennent autant de Héros. Ils se persuadent presque ,
qu'il ne leur a manqué que l'occasion pour étonner leurs con-

temporains, & que s'ils s'étoient trouvés dans la même situation que votre personnage, ils l'auroient égalé, & peut-être surpassé. A chaque sentiment élevé que la Tragédie lui prête, il leur semble qu'elle leur étale leurs propres richesses. Dans ce qu'est ce personnage, ils contemplent ce qu'ils se croyent capables d'être, & ils admirent dans ses vertus la prétendue grandeur, à laquelle ils se flattent qu'ils auroient pû aspirer, si la fortune leur avoit été plus favorable.

CHAPITRE III.

Si toutes les personnes de Théâtre ont besoin de Sentiment, celles qui se proposent de nous faire répandre des larmes, ont plus besoin que les autres de la partie du Sentiment, désignée communément sous le nom d'Entrailles.

HORACE a dit, *Pleurez si vous voulez que je pleure.* Il adressoit cette maxime aux Poëtes. On peut adresser la même maxime aux Comédiens.

Les Acteurs Tragiques veulent-ils nous faire illusion ? Ils doivent se la faire à eux-mêmes. Il faut qu'ils s'imaginent être, qu'ils soient effectivement ce qu'ils représentent, & qu'un heureux délire leur persuade que ce sont eux qui font trahis, perfécutés. Il faut que cette erreur paffe de leur efprit à leur cœur, & qu'en plufieurs occafions un malheur feint leur arrache des larmes véritables.

Alors, nous n'appercevrons plus en eux de froids Comédiens, qui par des tons & des geftes étudiés veulent nous interreffer pour des avantures imaginaires. Alors, fi quelque obftacle infurmontable ne s'oppofe à l'effet qu'ils doivent produire, ils font fûrs d'opérer tous les prodiges qu'ils peuvent attendre de leur art. Ce font des Souverains, qui commandent en maîtres abfolus à nos ames. Ce font des enchanteurs, qui favent prêter de la fenfibilité aux êtres les plus infenfibles.

Tel eft le pouvoir de la triftefle. Cette affection de l'ame eft une efpece de maladie épidémique, dont les progrès font auffi rapides qu'étonnans. Contraire aux autres maladies , elle se communique par les yeux & par les oreilles , & il suffit de voir ou d'entendre une personne sincerement & justement affligée , pour s'attrister avec elle. La vue des effets des autres passions n'est pas de même contagieuse. Un homme se livre en notre présence aux mouvemens de la plus violente colere , & il nous laisse dans une parfaite tranquillité. Un autre est transporté de la joye la plus vive , & nous demeurons sérieux. Mais les pleurs , même ceux d'une personne qui nous est indifférente , ont presque toûjours le privilege de nous toucher. Nés pour la peine & pour les souffrances , nous lisons douloureusement notre destination dans le sort des malheureux , & les infortunes des autres sont un miroir , dans lequel nous contemplons avec amertume les miseres attachées à notre condition.

Il est aisé de rendre raison de notre facilité à nous affliger. Il ne l'est pas de définir exactement la nature du plaisir que nous goutons, en voyant la Tragédie, à éprouver ce sentiment. Que nous allions au Théâtre dans le dessein d'emprunter les impressions qui nous manquent, ou de nous distraire de celles qui nous déplaisent, on n'en sera pas surpris. Ce qui paroît étonnant, c'est que nous y soyons souvent conduits par le désir de répandre des larmes. On peut cependant assigner diverses causes de ce penchant bisarre, & l'embarras est seulement de déterminer laquelle est la plus generale.

Lorsque j'ai dit que les infortunes d'autrui étoient un miroir, dans lequel nous considérions le sort auquel nous sommes condamnés, j'aurois pû faire une distinction. Elle sera placée ici plus convenablement, & elle servira à faire entrevoir une des sources du plaisir, dont nous cherchons l'origine. L'aspect des disgraces des autres est douloureux pour nous, lorsqu'il s'agit de celles auxquelles nous sommes exposés comme eux. Il devient consolant, lorsque nous n'avons point à craindre celles dont il nous offre la peinture. Nous recevons une espece de soulagement, en reconnoissant que dans des conditions auxquelles nous portons envie, on subit quelquefois des peines cruelles, à l'abri desquelles nous met notre médiocrité. Non seulement nous en supportons nos maux avec moins d'impatience, mais nous nous applaudissons de nous trouver moins malheureux que nous n'imaginions l'être.

De ce que des malheurs étrangers, plus grands que les nôtres, nous consolent de n'être pas plus heureux, il ne s'ensuivroit pas que nous dussions goûter des charmes à nous attrister de ces malheurs, si notre amour-propre ne trouvoit son compte à leur payer ce tribut. Mais les Héros, célebres par leurs infortunes, l'ont été aussi par des qualités extraordinaires. Plus nous sommes touchés de leur sort, plus nous montrons que nous connoissons le prix de leurs vertus, & le titre de justes estimateurs de la grandeur flatte notre orgueil. D'ailleurs la sensibilité, quand elle est guidée par le discernement, est elle-même une vertu. On se place dans la classe des ames généreuses, en accordant à d'illustres infortunés la compassion qui leur est due. Au Théâtre sur-tout, on s'attendrit d'autant plus volontiers en faveur des grands personnages, qu'on sait que ce sentiment ne sera pas d'une assez longue durée pour devenir importun, & qu'un heureux changement dans leur

situation

situation fera bientôt cesser leurs disgraces & notre douleur.

Sommes-nous trompés dans notre attente, & ces Héros sont-ils les victimes d'un destin injuste & barbare ? Nous nous établissons juges entre eux & leurs ennemis. Il nous semble que si nous avions le choix de périr comme les uns, ou de triompher comme les autres, nous ne balancerions pas, & nous en paroissons plus grands à nos yeux.

Peut-être chercheroit-on vainement à démêler, laquelle de ces causes influe davantage sur le plaisir que nous avons à pleurer à la Tragédie ? Peut-être chacune devient-elle la premiere ou la derniere, selon la nature de l'ame sur laquelle elles agissent ? Je ne m'arrêterai pas plus long-tems à une question moins importante que curieuse, & je passe à une autre plus relative à mon sujet.

Pourquoi des Comédiens, qui

ont été vivement émus, en en-
tendant la lecture de leurs rôles,
ne le font-ils pas, en les repréfentant ? Pourquoi des fcenes,
qui leur arracheroient des pleurs
fi elles étoient exécutées par d'autres, ne font-elles fur eux aucune
impreffion, quand ils les exécu-
tent ?

Vraifemblablement cette fingu-
larité ne doit fouvent être attri-
buée qu'au peu d'activité de leur
ame, qui ne peut être mife en
mouvement que par le miniftere
groffier des fens. Ebranlés par les
tons plûtôt que par les fituations
& par les difcours, ils ne font
attendris que lorfqu'une récitation touchante les avertit qu'ils
doivent l'être. Chez quelques autres, on peut imputer la contra-
riété, dont il s'agit, au penchant
qu'a notre cœur pour l'indépen-
dance, & qui le porte à faire
moins bien ce qu'il fait de commande, que ce qu'il fait volon-

tairement. D'autres montrent
tant de froideur dans leur jeu,
parce que ne possédant pas assez
bien leurs rôles, & étant tout
occupés du soin de se rappeller
ce qu'ils ont à dire, ils ne peuvent s'abandonner aux mouvemens qu'exigent leurs situations.
Souvent il arrive aussi, sur-tout
aux Acteurs qui n'ont pas acquis
le droit de compter sur nos applaudissemens, il arrive, dis-je,
que la crainte de déplaire au
Tribunal redoutable du Parterre
étouffe en eux tout autre sentiment, & qu'ils tombent dans
l'inconvénient de ces écoliers ti-
mides, à qui la présence d'un
maître sévere ne permet pas de
faire usage de leurs heureuses dispositions.

CHAPITRE IV.

Les personnes, nées pour aimer, devroient avoir seules le privilege de jouer les rôles d'Amans.

DANS un nouvel Opera, une Actrice représentoit une Princesse éprise d'un feu violent pour un Infidele, & elle ne mettoit point dans son rôle la tendresse qu'il exigeoit. Une de ses compagnes, qui, malgré les raisons que deux personnes de leur profession & de leur sexe ont de ne se point aimer, étoit son amie, voulut lui faire jouer ce rôle avec succès. Elle lui donna plusieurs leçons, mais les leçons ne produisirent point l'effet désiré. Enfin un jour la maîtresse dit à l'écoliere, *Ce que je vous demande, est-il si difficile ? Mettez-*

vous à la place de l'Amante tra-hie. Si vous étiez abandonnée d'un homme que vous aimeriez tendre-ment, ne seriez-vous pas penetrée d'une vive douleur ? Ne chercheriez-vous point . . . . . Moi ? répondit l'Actrice à qui s'adressoit ce dis-cours, Je chercherois les moyens d'avoir au plûtôt un autre Amant. En ce cas, répliqua la Maîtresse, nous perdons toutes deux nos peines. Je ne vous apprendrai jamais à jouer votre rôle comme il faut.

La consequence qu'elle tiroit étoit juste. Son amie ne connois-soit dans l'amour que l'interêt ou la vanité. Elle étoit incapable d'en exprimer les délicatesses.

Je conçois, direz-vous, que les personnes qui aiment, ou qui ont du penchant à aimer, sont plus propres que les autres à jouer les rôles tendres ; mais je ne vois pas pourquoi seules elles y seroient propres. Pour peu qu'on soit ins-truit de l'histoire du Théâtre, on fait que les scenes d'amour n'ont jamais été rendues si vivement que lorsque l'Acteur & l'Actrice, qui les exécutoient, étoient réellement charmés l'un de l'autre. On ne cessera point de citer à ce sujet, combien dans un certain tems un semblable hazard a fait réussir la *Psiché* de Moliére. Doit-on conclure de-là qu'il faille avoir de la disposition à la tendresse, pour remplir les rôles qui demandent d'être joués tendrement? Tous les jours, un homme doux représente fort bien un personnage cruel. Un Acteur, avec beaucoup d'éloignement & de mépris pour la fatuité de nos Petits-Maîtres, peut les copier parfaitement, & il n'est pas nécessaire d'être d'une humeur fâcheuse & colérique, pour contrefaire les emportemens du Grondeur. Par quelle raison n'en seroit-il pas de l'amour comme des autres passions, & pourquoi, sans être susceptible de ses foiblesses, ne pourroit-on peindre fidélement ſes tranſports ?

Si vous tenez ce langage, vous n'avez point aimé : il y a même de l'apparence que vous n'avez jamais vû de veritables Amans. Avec plus d'experience, vous re- connoîtriez que l'expreſſion de la tendreſſe n'eſt point du reſſort de l'art. Quelque effort qu'il faſſe pour en attraper l'air naïf & tou- chant, il ſera toûjours auſſi diffé- rent de la nature, que les froides minauderies d'une Courtiſanne le ſont des regards paſſionnés d'une Amante ſincere. On ne copie qu'imparfaitement les autres paſ- ſions, lorſqu'on ne s'abandonne pas à leurs mouvemens, mais on les copie du moins imparfaite- ment. De ſang froid, on imite mal le ton de la colére, mais du moins eſt-il poſſible d'emprunter quelques-uns des autres ſignes ex- terieurs, par leſquels elle a coû- tume de ſe manifeſter ; & dans plusieurs rôles, même lorsque vous ne trompez point les oreilles, vous trompez quelquefois les yeux. Dans les rôles tendres, vous ne trompez pas plus les yeux que les oreilles, si la nature ne vous a pas doué d'une ame faite exprès pour aimer.

Sans se donner la peine de réfléchir beaucoup, on se convaincra de la vérité de ce principe. Peut-être même en viendra-t-on à se persuader qu'un Acteur & une Actrice, qui jouent ensemble une scene de deux personnes mutuellement enivrées de leur amour, ne peuvent la jouer avec une entiere perfection, si du moins dans cet instant ils ne ressentent pas effectivement l'un pour l'autre tous les transports, qui agiteroient cet Amant & cette Maîtresse.

En effet, si pour rendre convenablement une scene de cette nature, il n'est pas nécessaire qu'ils éprouvent mutuellement une pas-

fion du moins momentanée, pourquoi une perfonne de Théâtre
paroît-elle fi differente d'elle-même , lorfqu'elle joue vis-à-vis de
l'objet de fa tendreffe, ou lorfqu'elle n'a pas cet avantage ? Pourquoi prefque tous les Comédiens,
de leur propre aveu, rempliront-
ils mal un rôle d'Amant, lorfqu'on
les mettra en fcene avec une Actrice, qui n'eft capable de leur
rien infpirer ? Il fe préfente une
troifiéme queftion. Pourquoi une
fcene tendre nous paroît-elle infi-
pide, lorfque le rôle de l'Amant
eft joué par une femme traveftie ?
N'eft-ce pas par la perfuafion où
nous fommes , qu'elle ne reffent
point pour une perfonne de fon
fexe les mouvemens , dont elle fe
propofe de nous offrir l'image ?

Que fi l'on veut favoir la raifon
pour laquelle on peut emprunter
le mafque des autres paffions , &
l'on ne peut, à moins d'aimer foi-
même , copier que d'une façon

très infidele les transports de la tendresse, je hazarderai là-dessus une conjecture.

Les autres affections de l'ame ne se peignent sur le visage qu'en causant aux traits une espece d'altération, au lieu que la tendresse jouit, ainsi que la joie, du privilege d'ajoûter des beautés à la phisionomie, & d'en corriger les défauts. Ainsi, de ce qu'on peut nous présenter une image imparfaite de certaines passions, quoiqu'on ne soit point soûmis à leur empire, il ne s'ensuit point qu'on puisse imiter même imparfaitement la douce yvresse de l'amour, sans en être agité.

Ce seroit demander l'impossible, que d'exiger que toutes les personnes, qui jouent ensemble des scenes tendres, fussent pour ce moment éprises l'une de l'autre. Mais nous avons interêt que si leur passion n'est pas réelle, elle soit apparente, & elles ne nous

feront point fur cet article la plus
legere illufion, lorfqu'elles n'auront pas au moins du penchant
à l'amour. Il n'eft pas plus facile
à quelqu'un fur qui la jeuneffe,
les graces & la beauté, n'ont aucun pouvoir, d'emprunter cette
délicieufe agitation, ces mouvemens vifs & voluptueux, produits
par la préfence d'un objet qu'on
aime & dont on eft aimé, qu'il
ne l'eft à la trifte & fombre nuit
de fe parer de l'éclat d'un jour
pur & ferain.

CHAPITRE V.

Qui n'eft qu'un Corollaire du Chapitre précédent.

PUISQUE la difpofition à
la tendreffe eft une condition néceffaire pour jouer les rôles d'Amans, il eft évident qu'on
ne doit pas fe charger de ces

rôles, si l'on n'est plus dans l'heureux âge d'aimer.

Le souvenir de nos impressions
passées ne suffit pas pour nous les
rendre. Envain nous rappellons-
nous ce que nous étions, lorsque
la chaleur & l'activité de notre
sang donnoient aux passions un si
puissant empire sur nous. Cette
idée, lorsqu'il ne nous reste plus
qu'un sang paresseux & réfroidi
par les années, n'est que la ré-
miniscence d'un beau songe, &
elle ne peut faire renaître ces
doux transports, qui faisoient
nos délices. Pour qu'elle produi-
sît cet effet, il faudroit que les
objets nous parussent tels qu'ils
nous paroissoient autrefois, &
nous n'avons plus les mêmes
yeux. Plus nous perdons le droit
d'être difficiles, plus nous le de-
venons, & à mesure que nous
méritons moins, nous demandons davantage.

Dans cette situation, quel

moyen pour un Acteur & une Actrice de se transformer, selon leurs desirs & selon les besoins de l'Auteur, en des Amans qui croyent voir dans l'idole de leur amour ce que la nature a produit de plus parfait?

Indépendamment de ce que des Comédiens dans leur arriere saison n'ont plus, ni la même façon de voir, ni la même promtitude à s'enflammer, ils doivent craindre, lorsqu'ils ont à soûtenir des personnages d'Amoureux, de porter dans la représentation le même embarras, qu'ils éprouveroient si la fiction devenoit pour eux une vérité. Ils parleront d'autant moins bien le langage de l'Amour à une Maîtresse supposée, qu'ils savent qu'ils le parleroient avec moins de succès à une Maîtresse véritable. Ils sentent qu'ils ne persuaderoient pas celle-ci : ils ne peuvent prendre avec celle-là les tons, par les-

quels dans un autre âge ils l'auroient perſuadée.

SECTION II.

Des Dons, qui chez les Acteurs, dont il s'agit dans
ce ſecond Livre, interreſ-
ſent les ſens des Specta-
teurs.

CHAPITRE I.

Telle voix, qui peut ſuffire dans
certains rôles, ne ſuffit pas
dans les rôles deſtinés à nous
interreſſer.

NOUS trouverions ridicule
que pour jouer, ſoit la
Tragédie, ſoit la Comédie, on

se présentât au Théâtre sans avoir
un organe convenable ; qu'on se
flattât, sans voix, de s'y faire
entendre, & qu'on prétendît
nous réduire à ouvrir les oreilles, pour écouter des muets, &
à voir des scenes, embellies de
tous les ornemens que peut fournir l'esprit aidé du génie, devenir de froides Pantomimes. Mais
pourvû que les Acteurs Comiques
ne nous laissent rien perdre des
discours que l'Auteur met dans
leur bouche, nous leur passons
volontiers la médiocrité de la
voix. Je pense même, qu'il leur
importe de n'avoir pas une voix
d'un si grand volume. Ce qu'une
voix gagne du côté du volume,
elle le perd du côté de la légereté, & les Acteurs Comiques
ont besoin principalement d'une
voix légere & flexible. Les Acteurs Tragiques en ont besoin
d'une qui soit forte, majestueuse
& pathétique.

La Comédie , même lorfque par hazard elle fe propofe de nous toucher , n'eft obligée que de nous procurer une douce agitation. Nous attendons de la Tragédie de violentes fecouffes. Pour les produire , elle fe fert préférablement de fes principaux Acteurs. Par cette raifon , il faut que leur voix , propre en même tems à maîtrifer l'attention , à imprimer le refpect , & à exciter de grands mouvemens, puiffe donner à la véhémence des difcours la mâle vigueur , à l'élévation dès fentimens la noble fierté , & à la vivacité de la douleur l'éloquente énergie , qui leur font néceffaires pour nous frapper, pour nous faifir, & pour nous pénétrer. Ce n'eft pas affez qu'elle ébranle , il faut qu'elle tranfporte. Ce n'eft pas affez qu'elle impofe , il faut qu'elle fubjugue. Ce n'eft pas affez qu'elle touche , il faut qu'elle déchire.

Lorfque

Lorsque des personnes, à qui la nature n'a accordé que de foibles organes, jouent quelques-uns des premiers rôles Tragiques, on croit entendre la tempête d'*Alcyone*, exécutée par ces instrumens nains & athsmatiques, dont les maîtres de Danse se servent en donnant des leçons à leurs disciples. Quelle impression au contraire ne fait pas un rôle destiné à remuer vivement les Spectateurs, lorsqu'il est récité par une jeune Actrice que le Théâtre François a enlevée au Théâtre Lyrique, & dont les accens victorieux auroient suffi jadis aux filles de Minos, pour faire de Thesée un Amant constant, & d'Hyppolite un Infidele.

Les Acteurs, qui dans la Comédie représentent des personnes de condition, n'ont pas besoin d'une voix majestueuse, mais on veut qu'ils l'ayent noble.

Comme il est des phisionomies

de diftinction, il eft, fi je puis m'exprimer ainfi, des voix de qualité ; des voix au fon defquelles, fans voir les perfonnes qui parlent, on juge que ce ne font pas des perfonnes du commun. Sans doute celles de la plus haute naiffance n'ont pas plus le privilege d'avoir une voix impofante, que celui d'avoir une figure refpectable. Mais quand l'art fe propofe d'imiter, il eft obligé de choifir fes modeles, & de ne nous préfenter dans chaque genre que les copies des originaux les plus dignes de nous plaire.

La voix d'un Comique doit être noble, s'il joue le rôle d'un homme de condition : elle doit être interreffante, s'il joue le rôle d'un Amant : les armes, que des inflexions touchantes fourniffent au fentiment, font encore plus puiffantes que celles qu'il emprunte des expreffions les plus

énergiques. Les difcours ne font
impreffion fur le cœur que par le
canal de l'efprit. Un parler gracieux agit directement fur le cœur.
Il eft des organes favorifés de la
nature, qui auroient le fecret de
nous émouvoir, quand même
nous ne pourrions attacher aucune idée déterminée aux fons
qu'ils profereroient, & peut-être
nous eft-il arrivé d'être plus fen-
fibles aux plaintes d'une perfonne
dont nous ignorions la langue,
qu'à tout ce qu'on nous a jamais
dit dans la langue que nous pof-
fédons le plus parfaitement.

S'il fuffit dans la Comédie, que
la voix des Amans foit interreffante, il eft néceffaire que celle
des Amantes foit enchantereffe.
Nous leur defirons ces tons per-
fuafifs, avec lefquels une Belle
peut faire tout ce qu'elle veut du
Spectateur, & obtenir tout ce
qu'elle exige d'un Galant. Les
charmes de la voix peuvent re-

H ij

nir lieu de plusieurs avantages.
En plus d'une occasion , la séduction des oreilles l'a emporté sur
le témoignage des yeux , & telle
personne , à qui nous refusions
nos hommages lorsque nous ne
faisions que la voir , nous a paru
les mériter seule , lorsque nous
l'avons entendue *.

  * Un organe si séducteur n'est pas absolument nécessaire aux autres Actrices. Mais il
faut que du moins leur voix ne blesse pas
l'oreille. Les femmes ne peuvent être privées
d'une grace, que nous ne soyons privés d'un
plaisir, & plus elles semblent formées pour
n'exciter en nous que des sensations agréables, moins nous leur pardonnons de produire un effet contraire à notre attente. La
douceur de la voix est un de leurs attributs
les plus ordinaires, & nous croyons que
la nature fraude nos droits, lorsqu'elle fait
sortir d'une belle bouche des sons peu gracieux.

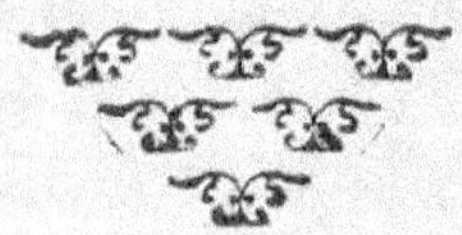

CHAPITRE II.

On demande aux Amans, dans la Comédie, une figure aimable, & aux Héros, dans la Tragédie, une figure imposante.

L'ÉLÉVATION des sentimens d'une Princesse peut lui faire oublier le peu de régularité des traits d'un Héros, en faveur des grandes qualités qui le distinguent. Conséquemment à ce principe, lorsqu'entre les rôles d'Amans ou d'Epoux chéris un Acteur Tragique ne choisira que ceux avec lesquels son âge n'est pas incompatible, nous ne ferons pas le procès à cet Acteur sur un exterieur peu séduisant.

Dans la Comédie, ce qu'on ne croiroit pas, nous sommes plus séveres. Comme elle ne nous offre rien que de commun dans les fentimens & dans les actions de fes perfonnages, nous n'imaginons pas que fes Héros foient d'un mérite affez tranfcendant, pour triompher du cœur fans charmer les yeux, ni fes Héroïnes affez délicates, pour ne point confulter du tout leurs yeux dans le don qu'elles font de leur cœur. Ainfi, à moins que l'Auteur ne nous peigne une paffion ridicule, nous defirons non-feulement que la figure de l'Amant ne démente point, mais encore qu'elle juftifie la tendreffe de la perfonne dont il eft aimé. Il ne fuffit pas que l'Actrice nous peigne avec des couleurs vraies fon amour prétendu. Il faut que nous jugions cet amour vraifemblable, & que nous puiffions en même tems louer l'excellence du jeu de la Comédienne, & ne point blâmer le mauvais goût de l'Amante.

On a beau dire que c'eſt à la ſituation de tel perſonnage, & non à la perſonne de tel Acteur, que nous prenons interêt ; qu'ainſi il n'a point affaire à nos yeux, mais à notre cœur & à notre eſprit ; que ſouvent des Belles ſoupirent pour des hommes très-peu aimables, & que ces biſarreries ne doivent pas nous étonner au Théâtre, puiſque le monde nous en fournit tous les jours de pareilles. Peut-être, en y réfléchiſſant, ſe rendroit-on à ces vérités ? Mais on ne veut point qu'à la Comédie le plaiſir dépende de la réflexion.

Si, lorſque le rôle ſuppoſe dans le Comédien les charmes de la figure, il importe que le Comédien puiſſe plaire aux Spectateurs qui n'ont que des yeux, de même qu'à ceux qui ont des oreilles & du diſcernement, cette condition eſt encore plus eſſentielle pour les Actrices qui jouent

des rôles d'Amantes aimées &
dignes de l'être. Ce n'est pas
précisément de la beauté, qu'elles
ont besoin. C'est de quelque chose
qui vaut mieux que la beauté, &
qui agit plus generalement & plus
puissamment sur les cœurs ; de ce
je ne sais quoi , avec lequel une
femme paroît charmante, & sans
lequel elle est belle inutilement ;
de cet attrait vainqueur, aussi certain de triompher toûjours que
de n'être jamais bien défini.

En même tems que nous ne
passons point dans la Comédie le
défaut d'agrémens aux personnes,
qui sont supposées être avec justice traitées favorablement par
l'Amour , nous exigeons dans un
Comédien , à qui l'Auteur prête
un nom & des sentimens au-
dessus du vulgaire , un dehors
qui ne dégrade point son personnage.

Quoique la nature ne propor-
tionne pas toûjours ses dons à

l'éclat de la naissance, & que souvent une phisionomie fort peu respectable accompagne des titres fort respectés, nous ne voyons qu'avec répugnance un Acteur d'une figure commune entreprendre de représenter une personne de condition.

Nous répugnerons encore bien plus, à le voir entreprendre dans la Tragédie de passer pour quelque grand Monarque, & s'il fait cette tentative, il nous paroîtra moins jouer son rôle que le parodier. On n'a pas encore oublié l'avanture d'un Débutant. Il avoit des entrailles, de l'esprit & du feu, mais son exterieur n'étoit rien moins qu'héroïque. Un jour, il représenta Mitridate, & il le représenta d'une maniere à satisfaire tous ses Auditeurs, s'il n'avoit eu pour Auditeurs que des aveugles. Dans la scene où Monime dit à ce Prince, *Seigneur, vous changez de visage!*

un Plaisant cria à l'Actrice, *laissez-le faire*. On perdit de vue sur le champ les talens de l'Acteur, pour ne penser qu'au peu de convenance qui se trouvoit entre son rôle & sa personne.

Tous les Acteurs Tragiques doivent avoir la figure noble * : il faut que ceux qui jouent les premiers rôles en ayent une imposante, telle que celle d'un Comédien dont j'ai déja fait l'éloge & la critique, & qui dans le dernier siécle a fait revivre Roscius sous les traits d'Auguste, ou telle que celle d'un autre Acteur

---

* La Tragédie veut que chez elle tout porte le caractere de grandeur. Chez elle, il est des personnages subordonnés, mais il n'en est point de subalternes. Elle admet de simples Confidens, mais ces Confidens sont les dépositaires des secrets de leurs Souverains, & ils partagent avec eux le soin & la gloire de gouverner & de défendre les Etats. Il convient donc que l'exterieur de tous les Acteurs Tragiques, même de ceux qui sont réduits aux emplois les moins importans, réponde à la dignité des personnes, pour lesquelles ils desirent que nous les prenions.

à qui la nature prodigua plufieurs
de fes préfens les plus rares , &
qui a quitté le Théâtre beaucoup
trop tôt pour nos plaifirs.

Non-feulement il eft néceffaire
qu'on apperçoive chez les premiers Tragiques cette majefté ,
par laquelle s'annoncent les ames
fuperieures , mais il importe que
leur phifionomie foit douce &
heureufe. La Comédie n'étant
occupée que du foin de nous
divertir , il n'eft pas extraordinaire qu'elle banniffe de fes jeux
tout ce qui peut s'oppofer à l'effet qu'elle veut produire. La terreur étant une des impreffions
que la Tragédie fe plaît davantage à exciter , on a plus fujet
d'être furpris qu'elle exige de fes
Acteurs un exterieur , qui femble contraire à fes vues. Deux réflexions font appercevoir la raifon de cette prétendue bifarrerie.
La Tragédie peut expofer à nos
yeux des actions cruelles , même

barbares, mais elles doivent être les suites de l'emportement d'une paſſion violente, & non d'un penchant naturel pour le crime. Nous conſentons que les Héros Tragiques ſoient coupables, mais nous ſouhaitons de pouvoir nous perſuader qu'ils le ſont malgré eux; qu'en ſe livrant au mal, ils conſervent une eſpece d'amour pour le bien; qu'ils ſont entraînés dans le précipice, & non qu'ils s'y jettent volontairement. Ce n'eſt pas même aſſez pour notre délicateſſe. Nous ne ſommes pas contens, ſi nous ne nous imaginons lire ſur leur front, qu'ils étoient nés pour voir leurs deſirs ſatisfaits, & ſi le droit que nous leur attribuons d'être heureux, ne les excuſe d'avoir voulu triompher, à quelque prix que ce fût, des obſtacles qui traverſoient leur bonheur.

CHAPITRE III.

Du rapport vrai ou apparent, qui doit être entre l'âge de l'Acteur & celui du Personnage.

UN portrait, quoiqu'estimable par la correction du dessein & par la vérité du coloris, est critiqué avec raison, s'il vieillit la personne, que le Peintre s'est proposé pour modele. Un Comédien, quoiqu'ayant le jeu parfaitement vrai, ne nous plaira que médiocrement, s'il paroît trop âgé pour le personnage qu'il représente. Ce n'est pas assez qu'on ne nous montre point Iphigenie avec des rides & Britannicus en cheveux gris. Nous voulons qu'on nous montre cette Princesse & ce Prince avec tous les charmes de la jeunesse.

Des Acteurs, en ayant quelques années de plus que l'Auteur n'en donne à leur personnage, pourront faire sur nous une impression plus agréable que s'ils n'étoient point dans ce cas. Pourvû qu'à l'art de bien jouer la Comédie, ils ajoûtent celui de faire disparoître la distance qui est entre leur âge & celui de la personne dont ils empruntent le nom, nous leur saurons d'autant plus de gré qu'ils nous procureront le plaisir d'une double illusion. Ils ne nous en feront au contraire aucune, dès que leur visage s'accordera mal avec la datte de la naissance de cette personne. Bien des années avant que le Comédien, à qui j'ai reproché son imprudence de jouer des rôles qui ne lui convenoient plus, eût atteint la vieillesse, nos peres étoient blessés de le voir contrefaire un tendre adolescent.

Si l'on pardonne plus volontiers aux hommes qu'aux femmes, de monter sur le Théâtre dans un âge avancé, il leur est d'un autre côté plus difficile qu'à quelques-unes d'entr'elles, d'emprunter à la fin de leur printems l'air & les graces de la premiere jeunesse. Telle Comédienne touche à son automne, & n'a, quand elle veut, que seize ans sur la scene. Presque jamais notre sexe ne jouit de ce privilege.

Quelques Belles, à cet égard plus favorisées que nous de la nature, peuvent jusqu'à un certain âge nous cacher une partie de leurs années. On demandera comment une Actrice s'assurera qu'elle a droit de prétendre à cet avantage. Je lui conseillerai de ne s'en pas fier là-dessus à ses propres yeux. C'est de ceux des Spectateurs, qu'elle doit prendre l'avis. Ce miroir ne la trompera point. Elle y lira peut-être avec

douleur, que la fleur de ſes charmes eſt paſſée. Mais cette triſte
découverte ſera pour elle une
utile leçon, & ſi elle a le chagrin d'apprendre qu'elle ne paroît plus jeune, elle s'épargnera
le ridicule de vouloir le paroître, lorſqu'elle ne peut plus eſ-
perer d'y réuſſir.

CHAPITRE IV.

*Qui regarde particulierement les
Soubrettes & les Valets.*

POUR divers rôles de Sui-
vantes, il n'importe pas, &
peut-être même il eſt à propos
que l'Actrice ne ſoit plus de la
premiere jeuneſſe. Pour d'autres,
il eſt de la bienſéance qu'elle ſoit
jeune, ou que du moins elle le
paroiſſe. Cela eſt convenable, lorſque les diſcours peu reſpectueux,

tenus

renus par la Soubrette à des perfonnes auxquelles elle doit des
égards, où les confeils peu fages
qu'elle donne à de jeunes Beautés, ne peuvent avoir pour excufe
qu'un grand fond d'étourderie.
Cela l'eft fur-tout, lorfque pour
favorifer deux Amans, elle fe permet certaines démarches condam-
nables au Tribunal d'une morale
rigoureufe. Moins la Soubrette
aura l'air jeune, plus l'indécence
fera frappante.

Une Soubrette n'eft pas toûjours
obligée d'avoir l'air jeune : elle
l'eft toûjours d'avoir dans la langue une extrême volubilité. Si elle
eft privée de cet avantage, elle
fera, fur-tout dans les Comédies
de Regnard, perdre à plufieurs
rôles la plus grande partie de leurs
graces.

L'air malin ne lui eft pas moins
néceffaire que la volubilité de langue. Quand on remarque dans une
Suivante une phifionomie fimple

& ingenue, on s'imagine voir Louison ou Javotte, & non Finette & Nerine.

Autant l'air malin est-il nécessaire aux Suivantes, autant la souplesse & l'agilité le sont-elles aux Valets. J'ai observé que dans une Piece bien faite tous les personnages étoient toûjours en mouvement, & pour lors je n'employois cette expression que dans le sens figuré. Par rapport aux Valets, elle doit être prise au propre. Il est essentiel que sans cesse ils amusent nos yeux aussi bien que notre esprit. De ce principe, il s'ensuit qu'une taille épaisse ne leur sied pas mieux que le bégayement à une Soubrette babillarde.

Fin de la premiere Partie.

LE COMEDIEN.

SECONDE PARTIE.

Des secours que les Comédiens doivent emprunter de l'Art.

L résulte des remarques contenues dans la premiere Partie de cet ouvrage, que peu de personnes sont en état de paroître sur la scene, & qu'il en est encore un moindre nombre, à qui il convienne d'y rem-

I ij

plir les principaux emplois. C'eſt à quoi la plûpart des Sujets, qui ſe deſtinent à jouer la Tragédie ou la Comédie, ne font preſque aucune réflexion. Souvent ils ne devroient pas plus ſonger à contribuer à nos amuſemens, que des athſmatiques à remporter le prix de la courſe, & cependant ils ſe préſentent hardiment dans la carriere.

Non ſeulement pluſieurs y entrent, ſans avoir aucune des diſpoſitions néceſſaires pour y être admis, mais ſouvent le moindre ſoin de ceux, qui ſont doués de ces diſpoſitions, eſt de les mettre à profit pour s'y diſtinguer. Souvent s'ils ſont applaudis dans deux ou trois rôles, & s'ils ne ſont pas ſiflés dans les autres, ils penſent avoir tout fait pour notre ſatisfaction & pour leur gloire.

Nous ne pouvons nous flatter d'obliger les Comédiens, qui ne ſont pas nés pour leur Profeſſion, d'y renoncer. Nous ne pouvons même nous flatter d'empêcher qu'elle ne foit embraffée dans la fuite par beaucoup d'autres, qui ne feront pas plus dignes de nous plaire. Ne nous flattons pas non plus d'infpirer une noble émulation à ceux qui ne font touchés que d'un vil interêt, & qui n'ayant pas plus d'amour pour leur Art que de refpect pour le Spectateur, viennent fur la fcene fe débarraffer de leur rôle, comme d'un fardeau dont ils font impatiens de fe délivrer.

En cherchant à prouver la néceffité, dont il eft aux Acteurs, foit Tragiques, foit Comiques, d'avoir reçu plufieurs préfens de la nature, je n'ai point écrit pour les perfonnes, qui perfuadées auffi-bien que moi qu'elle ne les a pas formées pour le Théâtre, s'obftinent cependant à fe donner en fpectacle. Je me fuis propofé feulement de diffiper l'erreur de celles qui croyent qu'il suffit, pour être Comédien, d'avoir de la mémoire, & de pouvoir parler, marcher, & gesticuler.

En m'efforçant de montrer combien les Comédiens doivent étudier, pour arriver à la perfection de leur art, je ne songe point à vaincre la paresse de ceux qui sont ennemis de l'application & du travail. J'ai pour objet de défiller les yeux aux Débutans, qui s'imaginent qu'on peut, en se donnant une médiocre peine, jouer la Comédie, & même la Tragédie. Je veux en même tems essayer d'indiquer à ceux qui désirent, & qui peuvent esperer de jouer l'une ou l'autre avec succès, les talens dont ils ont besoin pour mériter nos suffrages.

CHAPITRE I.

En quoi consiste la verité de la Repréſentation.

LEs fictions Dramatiques nous plaiſant d'autant plus, qu'elles ſont plus ſemblables à des aventures réelles, la perfection que nous deſirons le plus dans la Repréſentation eſt ce qu'au Théâtre on nomme *Verité.*

On y entend par ce mot le concours des apparences, qui peuvent ſervir à tromper les Spectateurs. Elles ſe diviſent en deux claſſes. Le jeu des Acteurs produit les unes : les autres ſont étrangeres à ce jeu, & elles ſont l'effet de certaines modifications qui ſe trouvent dans le Comédien, ou nous les devons au traveſtiſſement qu'il emprunte, & à la décoration de l'endroit où il joue.

Les apparences du premier genre, c'est-à-dire, celles qui naissent
du jeu Théatral, sont les plus importantes à l'illusion, & ce sont
aussi celles dont l'examen appartient le plus intimement à mon sujet. Elles consistent dans l'observation parfaite des convenances. Le
jeu d'une personne de Théâtre
n'est vrai qu'autant qu'on y apperçoit tout ce qui convient à
l'âge, à la condition, au caractere
& à la situation du personnage.
Vous chargez-vous du rôle de Licandre dans le Glorieux ? nous
ne vous prendrons point pour ce
vieillard, si nous ne voyons pas en
vous l'air grave d'un homme meuri
par les années. Licandre est homme de condition : vous ne lui ressemblerez point, si vous ne joignez à la gravité les manieres nobles. Il hait l'orgueil & le faste. Son
personnage n'est point rendu, si
vous ne conservez une aimable
simplicité, même dans les occa-

fions où il ne peut se dispenser de faire valoir ses prérogatives. Enfin il est justement attristé des malheurs de sa fille, & des défauts de son fils. L'image que vous nous présentez de lui est fausse, si vous ne nous peignez fidelement le chagrin dont est affecté ce pere malheureux.

Un Acteur, qui se propose de représenter les effets d'une passion, ne doit donc pas, s'il veut jouer avec verité, se contenter d'emprunter les mouvemens que cette passion excite également chez tous les hommes. Il faut qu'elle prenne chez lui la forme particuliere, qui la distingue dans le sujet dont il entreprend d'être la copie. La colere d'Achille n'est pas la même que celle de Chremès, & la douleur d'Ariane est differente de celle d'une Bourgeoise, qui pleure l'infidelité de son Amant.

L'expression doit, ainsi que les

mouvemens , varier selon le personnage. Chez un jeune homme,
l'amour éclate en transports im-
petueux. Chez un vieillard , il a
coutume de ne se manifester qu'a-
vec plus de circonspection & de
ménagemens. Une personne d'un
rang superieur met dans ses re-
grets , dans ses plaintes , dans ses
menaces, plus de décence & moins
d'emportement qu'un homme sans
naissance & sans éducation. L'affliction , causée par la perte d'un
trésor , se peint sur le visage d'un
Avare avec des couleurs tout autrement vives que sur celui d'un
Prodigue , & le Glorieux ne rou-
git pas de la même façon que
l'homme Modeste.

La verité de l'expression dépend
de la verité de l'action , & de la
verité de la récitation.

CHAPITRE II.

De la verité de l'Action.

AVOIR l'action vraie, c'eſt la rendre exactement conforme à ce que feroit, ou devroit faire le perſonnage, dans chacune des circonſtances où l'Auteur le fait paſſer ſucceſſivement.

Chaque ſcene produit quelque changement dans la poſition de l'Acteur, & de chaque changement de poſition réſultent diverſes convenances particulieres. Certaines ſuppoſitions dictent d'elles-mêmes l'action qui leur eſt propre. Une Belle, introduite par M. de Boiſſy ſur la ſcene, s'occupe *, pour adoucir les tourmens de l'abſence, à faire de mémoire le portrait de ſon Amant. Ce jeune hom-

* Dans la Comédie intitulée, *le Medecin par occaſion.*

me est mis par une Suivante à portée de voir, sans être apperçu, de
quelle maniere sa Maîtresse employe ses momens de liberté. Il est
évident qu'il doit naturellement se
placer, de sorte qu'il puisse contempler l'ouvrage de celle qu'il
aime, & se cacher à ses regards;
que de tems en tems entraîné par
le desir de la considerer, il s'expose involontairement au risque
d'être découvert; qu'à chaque
mouvement qu'elle fait, il craint
de l'être, & que voulant faire du-
rer le spectacle qui l'enchante, il
reprend avec précipitation, mais
avec chagrin, la situation qui peut
lui en faire gouter plus long-tems
les douceurs.

Il est d'autres suppositions, qui
n'indiquent pas si clairement au
Comédien la conduite qu'il doit
tenir. Il en est même quelques-
unes, dans lesquelles il peut aisé-
ment prendre le change.

Agamemnon, interrogé par

Iphigenie * s'il lui permettra d'af-
fister au sacrifice qu'il prépare,
répond à cette Princefle, *Vous
y ferez, ma fille*. Plufieurs Acteurs
croiront ajoûter du pathétique à
cette fituation, en fixant tendre-
ment leurs regards fur Iphigenie,
& cette action fera contraire à
la vraifemblance, parce qu'Agamemnon auroit fans doute, en
adreffant ce difcours à fa fille,
détourné les yeux, afin qu'elle
n'y lût point la mortelle douleur,
dont il avoit le cœur déchiré.

Après avoir été long-tems en
butte à la vengeance de Venus &
de Neptune, Uliffe revient enfin
dans l'Ifle d'Ithaque. Touché des
fentimens de fon fils, il fe découvre à ce Prince †. Le fidele
Eumée eft témoin de cette fcene
attendriffante. D'abord on eft
porté à penfer que le premier
mouvement de l'Acteur, qui re-

* *Iphigenie. Act. 2. Scen. 2.*
† *Penelope. Act. 4. Scene 6.*

présente Telemaque, doit être de
se jetter aux pieds d'Ulisse, & de
s'abandonner à toute la joye de
retrouver un pere. En y réfléchis-
sant, on changera de sentiment.
Ulisse n'a jamais été vû de Telemaque, & celui-ci, pour ajoûter foi aux discours d'un inconnu, doit naturellement attendre
qu'Eumée lui en confirme la verité. Le jeu sera donc plus vrai, si
l'Acteur commence par ne montrer qu'une surprise respectueuse,
& s'il affecte ingénieusement un
air indécis, jusqu'à ce qu'une personne, dont la fidélité ne lui est
pas suspecte, lui annonce qu'il
parle à son pere & à son roy.

Ces exemples prouvent combien
l'action vraie est quelquefois éloi-
gnée de celle qui se présente la
premiere à l'esprit des Acteurs. Le
dernier prouve en même tems,
combien il leur est nécessaire de
ne pas seulement donner leur application à l'action, dont ils doi-

vent accompagner les difcours que l'Auteur met dans leur bouche. En plufieurs occafions, leur filence doit être aufli éloquent que leurs paroles, & fouvent ils ont plus affaire, en fe taifant, que lorfqu'ils ont des vers pompeux à débiter. Sans le jeu muet de l'Actrice, qui depuis quelque tems a pris le rôle de Penelope dans la Tragédie que je viens de citer, le tableau de la reconnoiffance d'Uliffe & de fon Epoufe auroit-il fait une fi vive impreffion fur les Spectateurs ? On ne fe laffoit point d'admirer la gradation infenfible, avec laquelle cette Actrice fe tournoit vers le prétendu Etranger, à mefure qu'elle fe perfuadoit davantage que la voix qu'elle entendoit étoit celle dont les fons avoient un fi grand empire fur fon cœur.

La difficulté d'obferver toutes les nuances, qui conftituent la verité de l'action, fe fait particulierement fentir dans les fituations implexes. J'appelle de ce nom celles où le personnage est obligé de satisfaire à des interêts opposés. L'Isabelle de l'Ecole des Maris est dans ce cas, lorsqu'entre Sganarelle & Valere *, feignant d'embrasser le premier, & donnant la main au second, elle adresse à l'un, des discours qu'elle ne destine que pour l'autre. Une Comédienne, qui joue ce rôle, a besoin d'une grande précision, pour que les Spectateurs n'ayent pas à lui reprocher d'être trop peu circonspecte avec son Jaloux, ou trop peu tendre avec son Amant.

Certains rôles exigent des nuances encore plus délicates. Ce sont ceux dans lesquels, tandis que le personnage est occupé de deux interêts differens, l'Acteur doit remplir vis-à-vis des Spectateurs un objet contraire à celui qu'il doit remplir vis-à-vis des personnages mis avec lui en action. Le rôle de

* Act. 2. Scen. 9.

Courtisan

Courtisan dans le Bourgeois Gentilhomme est de ce nombre. Il importe à Dorante de cacher à la Marquise, que M. Jourdain fait la dépense de la fête qu'elle a consenti d'accepter. Il n'importe pas moins à notre homme de Cour, de faire ignorer à M. Jourdain, que la Marquise ne le regarde que comme un complaisant qui veut bien prêter sa maison. Le Courtisan le plus délié n'employeroit que difficilement en cette occasion tout l'air de verité, dont il faudroit qu'il usât pour ne point se trahir. Le Comédien doit non-seulement emprunter cet air de verité, mais remplir deux objets en apparence contradictoires. D'un côté, il est essentiel qu'il ne lui échappe rien qui puisse déceler à la Marquise & à M. Jourdain la tromperie qu'on leur fait. De l'autre, il faut que les Spectateurs découvrent chez lui l'embarras que Dorante éprouve

K *

dans une situation si critique.

Lorsqu'on fait attention à la difficulté de rendre divers rôles des Comédies de Moliere, on ne doit pas être surpris que ces Pieces si dignes d'admiration attirent si rarement des Spectateurs. Elles cesseroient bientôt d'être représentées dans la solitude, si elles étoient données moins souvent sur la scene, & si toutes les personnes, qui y prennent des rôles, les jouoient avec toute la perfection qu'ils demandent *. On dit que le Public veut des nouveautés. Ç'en seroitlà une des plus extraordinaires.

* Les Comédiens peuvent se rappeller que l'*Ecole des Femmes*, représentée par Baron & par l'élite des Acteurs & des Actrices, qui ont joué la Comédie avec lui lorsqu'il est remonté sur le Théâtre, leur a valu de suite plusieurs chambrées complettes.

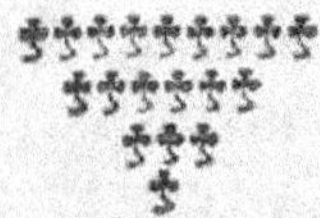

CHAPITRE III.

Remarques sur les deux parties essentielles à la verité de l'Action.

DE même que l'action & la récitation composent l'essence de l'expression, la verité du jeu des traits, & celle de l'attitude, du maintien & du geste, forment la verité de l'action.

Pour que le jeu de vos traits paroisse vrai à tous les Spectateurs, il ne suffit pas que la passion, dont vous voulez nous offrir l'image, puisse se peindre dans vos yeux ; il faut qu'elle puisse s'y peindre avec vivacité. Sur la scene, une phisionomie, qui n'exprime que foiblement, est mise presque au même rang que celle qui n'exprime point. Même tel degré d'expression, capable de nous toucher

ailleurs, ne l'eſt pas de nous frapper dans la Repréſentation. Les
tableaux, préſentés par le Théâtre,
ne ſont vûs que d'une certaine
diſtance par la plus grande partie
des perſonnes qui ſont au Spectacle. Ils ont beſoin de traits mar-
qués & d'une force de touche,
dont peuvent ſe paſſer ceux qui
ſont deſtinés à être regardés de
près.

Il faut que les paſſions ſe peignent avec vivacité ſur le viſage
du Comédien. Il ne faut pas qu'elles le défigurent. Toute Actrice
ne peut avoir les avantages d'une
que nous regretterons tant que les
appas & les talens auront droit de
nous plaire ; qui n'a paru, pour
ainſi dire, qu'un inſtant ſur la
ſcene, & qui ſemble s'y être mon-
trée ſeulement pour nous conſoler
de la mort de Mlle le Couvreur.
Il n'eſt pas donné à toute perſonne
de Théâtre, d'avoir une de ces
phiſionomies privilegiées que les

passions, même chagrines, embel-
lissent, & qui charment toûjours,
sous quelque forme qu'elles se dé-
guisent, mais du moins sommes-
nous fondés à prétendre qu'on ne
nous représente pas la colere avec
des convulsions, & qu'on ne nous
rende pas l'affliction hideuse, au
lieu de la rendre interressante.

Ordinairement on ne tombe
dans ces défauts, que parce qu'on
n'est pas véritablement irrité ou
attendri, selon que l'exige la situation du personnage. Eprouvez-
vous fortement l'une de ces impressions? Elle se peindra sans effort dans vos yeux. Etes-vous obligé de donner la torture à votre
ame, pour la tirer de sa léthargie?
L'état forcé de votre interieur se
remarquera dans le jeu de vos
traits, & vous ressemblerez plûtôt
à un malade travaillé de quelque
accès étrange qu'à un homme agité d'une passion ordinaire.

Quelquefois aussi la phisionomie

d'un Acteur peut n'être propre
que pour exprimer certaines affections de l'ame. Il est des visages
tristes, qui semblent n'être destinés qu'à verser des larmes, & à en
faire répandre. Il est des visages
faits pour représenter la joie, &
pour l'inspirer. Sur les premiers la
gaieté ne rira jamais que d'une
façon contrainte. La tristesse sur
les seconds sera toûjours déplacée,
& on l'y prendra pour une Etran-
gere qui veut s'établir dans un païs
dont tous les habitans sont ses ennemis.

La verité de l'attitude, du maintien & du geste, n'importe pas
moins à la verité de l'action, que
la verité du jeu des traits. Ce qui
regarde l'attitude & le maintien,
a été suffisamment développé dans
les deux Chapitres précedens. Evi-
tons les longueurs, & contentons-
nous de faire quelques observations sur les gestes.

Ils ont une signification déter-

minée, ou ils ne servent qu'à ajoûter de l'ame à l'action.

Avec ceux de la premiere espece, nous pouvons faire connoître
les mouvemens qui nous agitent,
& produire chez les Spectateurs
les sentimens que nous avons dessein de leur inspirer. Au défaut de
la parole, par le secours de ces
signes, nous peignons nos desirs,
nos craintes, notre satisfaction,
notre dépit : nous supplions, &
nous obtenons nos demandes ;
nous nous plaignons, & nous for-
çons les autres de prendre part à
nos infortunes ; nous menaçons,
& nous excitons la terreur. Ces
signes ne sont point arbitraires.
Ils sont institués par la nature elle-
même, & communs à tous les hommes. C'est une langue que nous
parlons tous, sans avoir besoin de
l'apprendre, & par laquelle nous
nous faisons entendre de toutes
les Nations. L'art chercheroit en
vain à la rendre plus intelligible

& plus énergique. Il ne peut tout au plus que la polir & l'orner. Il enseigne seulement aux Comédiens à ne s'en servir que de la maniere convenable aux rôles qu'ils jouent.

Il les instruira, par exemple, que le Comique noble demande beaucoup moins de gestes passionnés que le Comique du genre opposé. On devine d'où vient cette difference. La nature, livrée à elle-même, a des mouvemens moins mesurés que lorsqu'elle est retenue par le frein de l'éducation. Les gens du grand monde ont les mêmes passions que le peuple, mais chez eux les passions sont hipocrites, & elles affectent un air moderé & raisonnable. Un Seigneur a pour l'ordinaire un dépit tranquille. Lucas dans sa colere s'agite, renverse table & sieges, bat sa femme & ses enfans.

L'usage fréquent des gestes pasfionnés, n'étant point admis dans le Comique noble, devroit l'être encore moins dans le Tragique. Autant un Seigneur eft au-deffus d'un homme du peuple, autant un Héros eft-il au-deffus d'un homme qui n'eft que Seigneur. Si celui-ci eft tenu de garder un certain refpect pour fon rang, c'eft un devoir bien plus indif-penfable pour l'autre de foûtenir par un exterieur grave la haute idée qu'on a de fon caractere.

Cependant la Tragédie dans diverfes fcenes, particulierement dans celles de tendreffe, & dans quelques-unes de grands mouve-mens, tolere, exige même la multiplicité, non-feulement des geftes deftinés à peindre les af-fections de l'ame, mais encore de ceux qui n'ayant aucune fig-nification ne fervent qu'à rendre l'action plus animée *.

* Il n'eft point douteux que la Tragedie, dans quelques fcenes de grands mouvemens,

Ceux de cette derniere claſſe ſont plus ſubordonnés à l'art, que ceux de la premiere. Il leur preſcrit diverſes regles. Ce n'eſt ici le lieu de parler que de celles qui ont rapport à la verité de l'action. Voici les plus importantes.

On veut que les geſtes, même lorſqu'ils n'expriment rien, ayent un air d'expreſſion, & ſur-tout qu'ils ne ſentent point l'étude. Dans les rôles faits pour interreſſer, ils doivent toûjours être nobles. Non-ſeulement dans ces rôles, mais dans quelque rôle que ce ſoit, il importe qu'ils ſoient variés. Autrement ils paroîtront des tics de l'Acteur, plûtôt que des effets des impreſſions produites chez le perſonnage par ſes differentes poſitions.

A ces regles, on peut en

____

n'exige beaucoup de geſtes. Peut-être, dans pluſieurs ſcenes de tendreſſe, en exige-t-elle moins que les Acteurs Tragiques n'ont coutume d'en employer :

ajoûter une autre. Le Comédien en general doit uſer plus ou moins de geſtes de toute eſpece, ſelon le caractere de ſa Nation. En France, il doit geſticuler beaucoup moins qu'en Italie.

N'omettons pas une derniere remarque. Quelques perſonnages Comiques, ayant été inventés par le caprice *, n'ont point à certains égards de modeles parmi les hommes que nous connoiſſons. Pour juger l'Acteur qui repréſente ces perſonnages, notre objet de comparaiſon eſt preſque toûjours l'Acteur qui les repréſentoit précédemment avec ſuccès. Il eſt de votre interêt dans les rôles de ce genre, de ne pas trop differer de l'homme dont vous prenez la place. Peut-être, pour plaire autant que lui à la plûpart des Spectateurs, faudroit-il avoir même juſqu'à

* Tels ſont les rôles de Criſpin, de Pourceaugnac, &c.

fes défauts ? Plus votre jeu fera
femblable au fien, plus vous pa-
roîtrez jouer avec verité.

CHAPITRE IV.

De la verité de la Récitation.

INUTILEMENT l'action d'une
perfonne de Théâtre eft-elle
vraie, fi fa récitation ne l'eft pas,
& fur la fcene françoife il ne fert
de rien de féduire les yeux, lorfqu'on ne féduit pas les oreilles.

Divers paffages des Anciens fem-
blent ne pas laiffer lieu de douter
que la déclamation de leurs ouvrages Dramatiques ne fût notée
& mefurée. Ce dont je doute,
c'eft que cette méthode ajoûtât
quelque perfection au jeu Théâtral.

Si les tons, auxquels les Comédiens étoient affujettis, étoient

ceux de la musique *, la déclamation étoit un chant, & les Comédiens se trouvoient absolument dans le même cas que les Acteurs de nos Théâtres Liriques. Or on ne voit pas qu'un rôle, pour être chanté, en soit toûjours mieux joué. J'avoue que la note ne laissant pas au Chanteur la liberté de choisir ses tons, il ne peut comme le Comédien se tromper sur ce choix. Mais le jeu Théâtral n'y gagneroit qu'autant que la musique par elle-même auroit des moyens déterminés pour exprimer les differentes passions. C'est ce dont plusieurs Philosophes ont de la peine à convenir. Ils accordent que le beau récitatif a pour base la déclamation, mais ils soutiennent qu'il n'a de véritable expression que celle qu'il emprunte de la voix,

---

* M. l'Abbé de Condillac dans son Livre intitulé, *Essai sur l'origine des Connoissances humaines*, est de ce sentiment.

& l'expérience montre que le même air peut convenir à des paroles de caractere fort different. D'ailleurs quelque expressive que pût être la musique, quelque parfaitement qu'elle puisse être rendue par l'Acteur chantant, on ne se persuadera point qu'une scene chantée fasse la même illusion qu'une scene dans laquelle les Acteurs parlent de leur ton naturel.

Feu M. l'Abbé du Bos a prétendu * que les tons, prescrits aux Comédiens Grecs & Romains par les notes qui leur servoient de guides, étoient non des tons harmoniques, mais ceux de la conversation ordinaire. Quoique j'aye pour les décisions de ce savant Académicien la déference qui leur est due, je ne puis souscrire à son opinion. Elle suppose qu'il est possible d'apprécier les tons de la seconde

* *Réflexions sur la Poësie & sur la Peinture.*

espece *, & M. l'Abbé de Condillac a savamment démontré
qu'ils ne sont point appréciables.
Elle suppose aussi qu'il n'y a qu'un
ton vrai pour chaque sentiment,
& ce principe n'est pas plus rece-
vable pour ce qui regarde la déclamation, que pour ce qui regarde la musique. Comme tous
les hommes ont chacun une voix
differente, ils ont aussi chacun
des inflexions qui leur sont propres pour manifester les impressions qu'ils éprouvent.

Sans doute les diverses inflexions, qui naissent de la même
impression, ont quelque chose de
commun, mais elles different nécessairement selon les differens
organes, de même que l'accent
commun à une même nation se
varie à l'infini chez les differentes personnes dont elle est com-
posée. De plus, elles different

* Apprécier un ton, c'est évaluer ses rap-
ports avec d'autres tons donnés.

selon les differens caracteres. La colere de certains hommes eſt un tonnerre, qui ſouvent produit plus de terreur que de ravage. Celle de quelques autres eſt un feu caché ſous la cendre, lequel ne jette point de flammes, mais qui eſt d'autant plus dangereux qu'il avertit moins de l'incendie qu'il eſt prêt à cauſer.

On ne doit donc pas s'attendre que je traite méthodiquement l'art de réciter avec verité. Il faudroit pour cela donner autant de regles qu'il y a de diverſes eſpeces de voix, & de differentes manieres d'éprouver la même impreſſion. Toutes les leçons, qu'on donneroit ſur cet art, ne ſeroient jamais d'ailleurs du même ſecours que l'étude du jeu de l'excellente Actrice, qui nous a tant fait répandre de pleurs ſur le ſort de Merope, & qui preſque toûjours paroît emprunter le génie de l'Auteur auquel elle prête ſa voix, &

l'ame

l'ame de l'Héroïne qu'elle représente.

Le moyen le plus sûr que pourroient avoir des Comédiennes,
pour ne nous faire jamais entendre que des tons vrais, seroit de
copier fidelement ceux de cette
Actrice, lorsqu'elles jouent les
rôles dans lesquels elle se fait admirer. Par malheur, c'est une
chose impossible, & il ne nous
est pas plus facile, dans un discours suivi, de nous approprier
toutes les inflexions d'une personne, qu'il ne nous l'est de nous
servir, avec continuité, d'un accent qui ne nous est pas naturel.
Tout ce qu'on peut faire, c'est
d'imiter, avec le plus de perfection dont on est capable, certaines intonations heureuses des
grands Acteurs. Du reste, c'est
à la nature elle-même à dicter
celles qui sont les plus convenables, & le sentiment est le seul
maître qui puisse enseigner les

secrets de cette éloquente magie des sons, par laquelle on excite chez les Auditeurs les mouvemens dont on veut qu'ils soient agités.

De ces secrets, le principal est de ne point employer indifferemment des tons, qui à peu près semblables en apparence, doivent cependant être distingués. Les tons peuvent être rangés sous différens genres, qui comprennent plusieurs especes, de même que chaque couleur primitive se divise en plusieurs nuances. On regarde, par exemple, le ton fier * & le ton orgueilleux, comme appartenans à un

---

* Quelqu'un pourroit croire que je me contredis ici, & qu'après avoir soûtenu qu'il y a plusieurs tons vrais pour la même impression, je n'en admets qu'un pour exprimer la fierté. Il est à propos d'avertir que je prends collectivement l'expression dont je me sers, & que quoique j'employe le singulier, j'entends par ton fier tous les tons propres à peindre le sentiment dont il est question. Le Lecteur fera, s'il lui plaît, la même supposition pour les autres tons indiqués dans la suite de ce Chapitre.

même genre ; mais ces tons different évidemment entr'eux. Par
le premier, nous ne marquons
souvent que le juste sentiment que
nous avons de notre dignité. Nous
faisons toûjours connoître par le
second, que nous portons ce sentiment beaucoup plus loin qu'il ne
doit s'étendre. Quoique le ton naïf
& le ton ingenu soient aussi des
especes d'un même genre, on auroit tort de prendre l'un pour l'autre. L'un est celui d'une personne,
qui n'ayant pas l'esprit ou la force
de cacher ses idées & ses sentimens, laisse échapper les secrets
de son ame, même lorsqu'elle a
interêt ou qu'elle desire de les
faire ignorer. L'autre est le signe
de la candeur plûtot que de la sot-
tise & de la foiblesse. Il est le lot
des personnes, qui seroient assez
adroites ou assez maîtresses d'elles-
mêmes pour déguiser leur façon
de penser ou de sentir, mais qui
ne peuvent se résoudre à trahir la
verité.   Lij

Quelques tons appartiennent en même tems à plusieurs genres. L'ironie peut être également dictée par la colere, par le mépris, par le simple enjouement. Mais le ton ironique, qui convient à l'un de ces sentimens ne convient pas aux deux autres. L'amour & l'amitié parlent à certains égards une langue commune. Cependant leur ton n'est pas le même. L'amitié elle-même a plusieurs tons. Celui de la tendresse d'un pere pour un fils differe de celui d'un ami pour son ami.

CHAPITRE V.

Quelle doit être la maniere de réciter dans la Comédie.

A L'exception d'un très-petit nombre d'endroits, dans lesquels pour égayer les Spectateurs, on peut employer une déclama-

tion ridicule, rien dans la Comédie ne doit être déclamé. C'eſt
en general une loi indiſpenſable
pour les Acteurs Comiques, de réciter de la même maniere, dont
ils parleroient hors du Théâtre,
s'ils étoient dans la même ſituation où ſe trouve leur perſonnage.

Dans les Comédies écrites en
proſe, ils n'ont pas de peine à ſe
conformer à cette régle. Cela leur
eſt plus difficile dans les Comédies
écrites en vers. Ils devroient par
cette raiſon deſirer de n'avoir jamais que de la proſe à débiter.
Cependant quoique ſouvent dans
des Troupes entieres de Comédiens il ne ſe trouve pas une ſeule
perſonne qui ſache dire des vers,
les Acteurs préferent les Pieces
verſifiées, parce qu'ils les appren-
nent & les retiennent plus facilement. La plûpart des Spectateurs
donnent auſſi la préférence à ces
Pieces. Il n'eſt pas de mon ſujet,
d'examiner ſi le langage de la poë-

fie convient à la Comédie, & dans quel cas elle peut fe le permettre. Je remarquerai feulement qu'elle s'en ferviroit beaucoup moins fréquemment, fi elle n'étoit pas obligée d'avoir plus continuement de l'efprit en profe qu'en vers ; que la mefure & la rime diminuent néceffairement l'air de verité du dialogue, & que les Acteurs Comiques ne peuvent par confequent trop s'attacher à rompre l'une, & à faire difparoître l'autre.

CHAPITRE VI.

La Tragédie demande-t-elle d'être déclamée ?

PEUT-ESTRE de toutes les queftions fur l'art du Comédien n'en eft-il aucune fur laquelle on foit moins d'accord ? Les opinions ne font partagées,

que parce qu'on se forme differentes idées de la *Déclamation*,
& parce que plusieurs personnes
la prennent pour cette récitation
empoulée, pour ce chant aussi
déraisonnable que monotone, qui
n'étant point dicté par la nature,
étourdit seulement les oreilles, &
ne parle jamais ni au cœur ni à
l'esprit *.

Une telle déclamation doit être
bannie de la Tragédie, mais en
avançant que les vers Tragiques
ne peuvent être récités trop naturellement, les connoisseurs n'ont
garde de proscrire la majesté du
débit, lorsqu'il est à propos de l'employer. Il faut éviter avec soin la
récitation trop fastueuse, toutes
les fois qu'il ne s'agit que d'exprimer des sentimens : il faut l'éviter
aussi dans les récits simples & dans

* Autrefois cette façon vicieuse de jouer les
Pieces Tragiques a été plus commune qu'elle
ne l'est aujourd'hui. Nous sommes redevables
de ce changement à Baron & à Mlle Le
Couvreur.

les discours de pur raisonnement.
En plusieurs autres occasions, le
débit pompeux est admis, & même
nécessaire. Par les mêmes raisons
pour lesquelles des personnes, qui
dans la Comédie desapprouvent
les vers, ne les trouvent point
déplacés dans la Tragédie, nous
voulons en general dans la seconde une prononciation plus imposante que dans la premiere. Lorsqu'on nous lit un ouvrage, nous
ne sommes pas contens si le Lecteur ne régle pas son ton sur la
nature de ce qu'il lit, & nous passons même dans la conversation
le ton oratoire, dès que l'importance & la gravité du sujet ne
sont pas au-dessous de ce ton. La
majesté de plusieurs morceaux des
Pieces Tragiques exige donc que
les Acteurs les débitent majestueu-
sement. D'ailleurs la pompe du
débit nous blesse d'autant moins,
que la superiorité du personnage
est plus marquée. Regardant les

anciens Héros avec respect, &
presque comme des hommes d'une
autre espece que nous, nous ne
sommes point surpris qu'ils prennent de tems en tems un ton superieur au ton ordinaire.

Le débit pompeux est surtout
convenable pour certains endroits
des Tragédies, dont les évenemens
sont empruntés des tems fabuleux.
Sans doute, dans ces Pieces, il ne
faut pas plus que dans les autres
outrer la nature, mais il faut nous
la montrer avec toute sa magnificence. Une puissante magicienne,
telle que Medée, est supposée avoir
quelque chose au-dessus de l'humain. Quand elle ne veut que rappeller un époux volage, elle peut
& doit parler comme les autres
femmes. Quand elle évoque la
triple Hecate, quand avec ses
Dragons aîlés elle traverse les
airs, elle doit tonner.

CHAPITRE VII.

De quelques-uns des obstacles qui nuisent à la verité de la Récitation.

UN des principaux est l'habitude qu'ont plusieurs personnes de Théâtre de forcer leur voix. Dès qu'on ne parle pas de son ton naturel, on ne peut que difficilement jouer avec verité *.

La monotonie est un autre obstacle qui empêche la récitation d'être vraie. Il y a trois sortes de monotonie, la persévérance dans la même modulation, la ressemblance des chutes finales, & la répétition trop fréquente des mê-

---

* Ajoûtez que si l'on a quelque imperfection dans l'organe, elle devient plus sensible. Telle voix, qui dans son *medium* n'est point désagréable, devient, lorsqu'elle en sort, insupportable à l'oreille.

mes inflexions. Le premier de ces défauts est également commun parmi les Acteurs Tragiques & parmi les Comiques. Plufieurs font montés conftamment au même ton, ainfi que ces inftrumens dont on fe fert pour inftruire certains oifeaux à fifler. Les Acteurs Tragiques font plus fujets que les Comiques au fecond défaut. Ils ont coûtume de finir chaque phrafe à l'octave en bas. Plus d'une Actrice, qui pouvoit obtenir un rang diftingué dans la Tragédie, n'y paroît que médiocre aux Connoiffeurs par cette uniformité. Rarement a-t-on lieu de reprocher aux Acteurs Comiques la troifieme efpece de monotonie, mais les Tragiques ont beaucoup de peine à s'en garantir. La néceffité, dans laquelle ils font de tems en tems de prononcer majeftueufement une longue fuite de vers, les expofe à cet inconvénient. Ce feroit faire injure, même aux plus novices, que de les avertir d'éluder, autant qu'il est possible, le repos de la césure. Il n'est un écueil que pour des Comédiens, qui sans jugement & sans goût sont plus attentifs au nombre des sillabes qu'à la marche & à la liaison des idées. Mais comme la Poësie est la langue naturelle de la Tragédie, les Acteurs Tragiques ne sont point obligés, comme les Comiques, de faire toûjours disparoître la rime. Pour l'ordinaire même, quand ils le voudroient, ils ne le pourroient pas. La suspension marquée du sens les contraint fréquemment de s'arrêter à la fin de chaque vers, & cela produit une espece de chant. On y remédie, en abrégeant ou en prolongeant la suspension selon les circonstances, en ne prononçant point les vers dans des tems égaux, & en ayant l'habileté de réciter avec simplicité ceux qui ne doivent point être débités avec pompe.

Nous pouvons aussi compter, au nombre des causes de la fausse récitation de certains Acteurs, leur goût dominant pour une maniere particuliere de jouer. Souvent ceux qui ont l'art de toucher, veulent porter par-tout cet art, & parce qu'ils ont de la grace à répandre des larmes, ils sont toûjours dans le ton pleureur. En vain la tendresse a-t-elle plusieurs caracteres. Ces Acteurs n'ont jamais que la même façon de l'exprimer. Ne montrant que de la molesse & de l'affeterie, où il faudroit montrer de la force & de la dignité, ils poussent des soupirs, lorsqu'on leur demande de mâles transports, & ils se plaignent en Bergers, lorsqu'il seroit question de se plaindre en Rois.

D'autres plus sensibles que judicieux ne savent point modérer

à propos les mouvemens qu'excite
en eux la principale situation de
leur perſonnage. Ils employent
dans toutes les ſcenes la même véhémence, & pour donner plus d'é-
nergie à leur jeu, ils y mettent
moins de verité. Quelque violent
que ſoit l'amour d'Ænée pour
Didon, ce Héros ne doit point
vis-à-vis de ſon Confident, même en lui parlant de ſes feux,
faire éclater la même vivacité
que vis-à-vis la Reine de Car-
thage. Penelope eſt ſans doute
plongée dans une profonde triſteſſe juſqu'au retour d'Uliſſe,
mais une Actrice ſpirituelle s'ap-
percevra que la Tragédie de
l'Abbé Geneſt differe des autres
Tragédies. Plus cette Piece approche de ſa fin, plus les allarmes
de l'Héroïne diminuent. Dans le
premier Acte, Penelope a tout à
la fois à pleurer l'abſence d'un
fils & celle d'un époux. Le premier lui eſt rendu au ſecond Acte.

Peu après avoir recouvré Telemaque, elle apprend qu'Ulisse respire encore. Lorsqu'elle ne craint plus que l'infidélité de son époux, sa douleur ne doit point parler du même ton, que lorsqu'elle appréhendoit pour les jours de ce Prince.

Il n'est pas ordinaire que les personnes, qui possedent leur art, tombent dans les fautes dont nous venons de parler, mais quelquefois au lieu d'emprunter les sentimens de leur personnage, elles lui prêtent leur propre maniere de sentir. Jusqu'à présent peu d'Actrices ont fait parler Chimene du vrai ton qui lui convient. En représentant ce personnage, les unes donnent trop d'avantage à l'amour sur la nature ; les autres en donnent trop à la nature sur l'amour. Dans leur bouche, la Maîtresse du Cid n'est qu'Amante, ou elle ne l'est pas assez. Selon que, dans une situation pareille à la sienne, elles se laisseroient plus entraîner par leur passion pour leur Amant, ou par le tendre respect pour le souvenir d'un pere que cet Amant auroit privé de la vie, elles font de leur Héroïne, ou une fille sans naturel, ou une froide Amante chez qui la réflexion regle tous les mouvemens du cœur. Ce n'est plus cette Chimene également vertueuse & passionnée ; désolée par la mort d'un pere, & tirannisée par son amour pour Rodrigue ; assez courageuse pour demander la mort de ce jeune Guerrier, mais trop tendre pour ne pas craindre de l'obtenir.

Si le jeu des personnes, qui possedent leur art, n'est pas toûjours vrai, combien de contresens ne remarquera-t-on point dans le jeu de celles qui ne sont point exercées, sur-tout de celles qui sont privées de la culture que donnent la fréquentation & l'étude l'étude du grand monde ? Dans la seconde scene de la Tragédie de Britannicus , des Comédiens débiteront convenablement le premier discours que Burrhus tient en abordant Agrippine. Ils copieront sans peine le ton respectueux avec lequel il répond à cette Princesse ,

Cesar pour quelque tems s'est souftrait à
    nos yeux.
Déja par une porte au Public moins connue
L'un & l'autre Consul vous avoient pré-
    venue ,
Madame ; mais souffrez que je retourne
    exprès. . . . . .

Ignorant l'art de faire changer un discours de nature par la maniere de le prononcer , ils échoueront dans les vers suivans ,

Je ne m'étois chargé dans cette occasion,
Que d'excuser Cesar d'une seule action.
Mais puisque , sans vouloir que je le justifie,
Vous me rendez garant du reste de sa vie,

M *

Je répondrai, Madame, avec la liberté
D'un Soldat, qui sait mal farder la verité.
Vous m'avez de Cesar confié la jeunesse,
Je l'avoue, & je dois m'en souvenir sans cesse.
Mais vous avois-je fait serment de le trahir,
D'en faire un Empereur qui ne sût qu'obéir?

. . . . . .

De quoi vous plaignez-vous, Madame? On
vous revere.
Ainsi que par Cesar, on jure par sa mere.
L'Empereur, il est vrai, ne vient plus cha-
que jour
Mettre à vos pieds l'Empire, & grossir vo-
tre Cour.
Mais le doit-il, Madame? . . . . . .

. . . . . .

Vous le dirai-je enfin? Rome le justifie.
Rome, à trois Affranchis si longtems asservie,
A peine respirant du joug qu'elle a porté,
Du regne de Neron compte sa liberté.

Pour rendre ces vers avec toute
la verité qu'ils demandent, le
Comédien avec les Spectateurs
d'un certain ordre auroit besoin
de la même finesse d'esprit & de
sentiment qui auroit été nécessaire

à Burrhus avec Agrippine. Si vous n'employez pas le ton ferme qui convient au caractere de ce Miniftre, toute la force du difcours, & par conféquent fa principale beauté, s'évanouit. Si, en employant ce ton, vous ne faites pas fentir les égards que Burrhus doit à la mere de fon Empereur, ce difcours devient trop dur. On aime à retrouver dans le Gouverneur de Neron la noble candeur d'un Militaire, qui n'a point appris à la Cour l'art criminel de flatter, mais on feroit bleffé de ne pas reconnoître en lui la prudence d'un Courtifan, qui au moment même qu'il confent de s'expofer à déplaire, s'efforce de déplaire le moins qu'il lui eft poffible. On veut qu'il foit fincere, mais en même tems on veut qu'il foit adroit. On trouve bon qu'il faffe entrevoir à Agrippine, qu'elle a ceffé de regner, mais il convient qu'en annonçant à cette

Princesse qu'il n'a plus la même soumission pour ses volontés, il conserve le même respect pour sa personne.

Ce que nous attendrions de Burrhus, nous l'attendons du Comédien. Nous exigeons qu'il récite les six premiers vers avec la modeste retenue d'un homme, que la nécessité seule détermine à dire la verité, & non avec l'emportement d'un censeur atrabilaire, qui la dit par humeur. Nous desirons sur-tout qu'il diminue par l'adoucissement de sa voix l'aprêté de ce discours,

Mais vous avois-je fait serment de le trahir,

D'en faire un Empereur qui ne sût qu'obéir?

Dans les vers suivans, qu'il ait moins de circonspection : à la bonne heure. Mais qu'il se souvienne du rang d'Agrippine, lorsqu'il ajoûte, *De quoi vous plaignez-vous, Madame ?* Qu'à cet endroit, *Mais le doit-il*, &c. il s'attache particulierement à paroître avoir pour objet de perſuader cette Princeſſe, non de l'offenſer ; de prouver l'injuſtice de ſes prétentions, non de les tourner en ridicule. Les derniers vers ſont les plus embarraſſans, parce qu'ils contiennent une ſatire piquante du gouvernement de la mere de Neron. On peut leur donner un air moins injurieux, en empruntant le ton d'un Sujet zelé qui ne les prononce qu'avec regret, & en ayant attention avant & après ces mots, *Vous le dirai-je enfin ?* d'affecter d'être incertain, ſi l'on continuera de parler.

CHAPITRE VIII.

Avec quelle perfection il faudroit que les Pieces fussent sues des Comédiens, pour être jouées avec une entiere verité.

PLus nous avançons dans l'examen de l'art de repréfenter les ouvrages Dramatiques, plus on reconnoît combien l'efprit de difcuffion & d'analife eft néceffaire aux Acteurs. On doit reconnoître en même tems, combien ils ont befoin non feulement que jamais leur mémoire ne fe trouve en défaut, mais encore qu'elle ne paroiffe pas leur fournir les difcours que nous admirons dans leur bouche.

Affez fouvent, dans les Pieces Italiennes, les Comédiens, rempliffant leurs fcenes à l'impromptu, nous font acheter un trait plaiſant par pluſieurs diſcours qui le ſont fort peu. Cependant nous voyons ces Pieces avec plaiſir, parce que la verité de la Repré-ſentation nous dédommage de ce que nous perdons du côté de l'é-légance du dialogue. Si nous en-tendons des choſes moins bien dites, elles le ſont du moins d'une maniere plus propre à nous faire illuſion. Il n'eſt pas douteux que les ouvrages Dramatiques, écrits par un homme de génie, ne ſoient de beaucoup préférables à de ſimples cannevas, lorſque les premiers ſeront ſus avec toute la perfection néceſſaire. Mais nos Peres n'ont point vû ce prodige. Selon les apparences, il n'eſt pas réſervé à notre ſiecle. Nous ſom-mes condamnés à ne jouir au Théâtre François que d'un plaiſir imparfait, par la faute de quel-ques Acteurs que leur mémoire infidele ou chancelante ſert mal ou ne ſert que difficilement.

M iiij

La principale attention du Comédien, je l'ai dit plusieurs fois, doit être de ne nous laisser appercevoir que son personnage. Comment y réussira-t-il, s'il ne nous cache avec soin qu'il ne fait que nous repeter ce qu'il a appris? Disons plus. Comment, lorsque sa mémoire travaille, pourra-t-il nous faire appercevoir même le simple Comédien? Si la course des eaux, destinées à former par leur élévation ou par leur chute l'embellissement d'une fontaine, est retardée par quelque obstacle dans les canaux qui doivent les distribuer, les jets & les cascades ne produisent que la moindre partie de leur effet. Si les discours ne se présentent pas rapidement à l'Acteur, à mesure qu'il en a besoin, il ne peut presque faire aucun usage de ses talens.

Les discours se présentent même trop tard, s'il ne se les rappelle que lorsqu'il en a besoin. Il faut que sa mémoire embrasse d'un seul coup d'œil tout ce qu'il doit dire dans le moment actuel, même tout ce qu'il dira dans la scene entiere, pour qu'il puisse regler ses mouvemens, ses tons & son maintien, non seulement sur le discours présent, mais encore sur celui qui va suivre.

Je vais plus loin, & je déclare aux Comédiens qu'il ne leur suffit pas de savoir ainsi leurs rôles, mais qu'ils doivent savoir, du moins en partie, les rôles des autres Acteurs avec lesquels ils sont en scene. Presque toûjours au Théâtre, avant de rompre le silence, on doit préparer son discours par quelque action, & le commencement de cette action doit précéder de plus ou moins d'instans le discours selon les circonstances. Quand on ne sçait que la derniere ligne * du

* Les Comédiens, afin d'être avertis des instans où ils doivent prendre la parole, ont coûtume d'apprendre les derniers mots de chacun des couplets de l'Acteur qui leur parle.

couplet auquel on doit répondre, on eſt expoſé ſouvent au
riſque de ne pas donner à ſa ré-
ponſe toute la préparation qu'elle
demande.

CHAPITRE IX.

*Digreſſion ſur quelques articles
étrangers au jeu Théâtral,
mais ſans leſquels la verité
de la Repréſentation eſt imparfaite.*

LORSQUE les perſonnes de
Théâtre poſſederont parfaitement leurs rôles, & qu'étudiant
ſoigneuſement leurs differentes
poſitions, ils conformeront toûjours leur jeu à ce que chacune
exige, nous trouverons dans le
Spectacle les apparences les plus
néceſſaires à l'illuſion, & il ne
nous reſtera qu'à déſirer celles

qui font indépendantes de l'action
& de la récitation.

Afin que le preftige de la repréfentation fût complet, il faudroit que les apparences de ce
fecond genre fuffent unies avec
celles du premier. Leur affem-
blage nous interreffe principalement à l'Opera. Plus toutes les
efpeces de vraifemblance y font
négligées, plus nous avons befoin
que la féduction de nos fens ne
nous permette pas d'y faire ufage
de notre raifon. Ce Spectacle in-
venté par les Italiens pour amu-
fer les yeux & pour divertir
les oreilles, plûtôt que pour remuer le cœur & pour occuper
l'efprit, fe reffent toûjours de fa
premiere origine, & notre Nation, en lui impofant la loi d'être
touchant & ingénieux, lui laiffe
le privilege de tirer du merveilleux un de fes plus grands agrémens.

Il conduit notre imagination

de prodiges en prodiges. A chaque instant, ce sont nouvelles suppositions plus extraordinaires les unes que les autres, auxquelles elle est obligée de se prêter. Tour à tour un magnifique Palais se change en une affreuse solitude, & la cabanne d'un Pasteur devient un temple majestueux. Ici un Magicien, pour troubler le bonheur de deux Amans, fait sortir des Enfers les Furies & la Discorde. Là, Venus & l'Amour suivis des Graces & des Plaisirs descendent des Cieux, pour couronner la constance de ces mêmes Amans. Nous sommes transportés, tantôt sur les bords du Tenare, tantôt au sein des grottes du Dieu des Mers, d'autres fois dans l'Olimpe au milieu de l'assemblée des Immortels.

L'art du Décorateur & celui du Machiniste ne sont pas moins nécessaires que ceux du Poëte,

du Muſicien & des Acteurs, pour
donner à ces fictions un air de
verité.

Celles que nous offre le Théâtre François, aſſujetties au vrai-
ſemblable , ſe paſſent plus aiſément du ſecours des décorations
& des machines. Moins ce Théâtre exige de ſuppoſitions forcées
par rapport au fond de l'action,
plus on ſe prête facilement à
celles qui ne regardent que l'ac-
ceſſoire. La vérité des ſcenes &
des diſcours, ſoutenue de la verité du jeu des Acteurs, ſubjugue
quelquefois tellement notre imagination , que nous ne prenons
pas garde à la maniere dont la
Salle eſt décorée.

Quoique nous ſoyons plus in-
differens ſur cet article à la Comédie qu'à l'Opera , cependant
on doit convenir qu'il ſeroit beaucoup plus raiſonnable que le lieu
de la ſcene reſſemblât toûjours
à celui dans lequel l'action eſt

suppofée fe paffer *. Sur-tout, il eft difficile de ne pas trouver bifarre l'ufage, qui n'eft établi qu'en France, d'admettre fur le Théâtre une partie des Specta-teurs. Peut-être un jour aurons-nous fur les autres Nations, par nos Salles de Spectacle, la même fupériorité que nous avons par nos pieces Dramatiques ? Alors peut-être remédiera-t-on à l'abus dont je me plains ?

En attendant ce changement favorable, contentons-nous de demander que les Comédiens fe ménagent les moyens d'arri-ver fans obftacle fur la fcene, qu'ils y confervent affez d'ef-pace pour exécuter leurs jeux de Théâtre, & qu'ils épargnent au Parterre la néceffité de crier con-

* Sur cet article, on doit rendre juftice à nos Comédiens Italiens. Pour attirer le Public, ils ne plaignent pas plus la dépenfe que la peine. C'eft affez l'ordinaire que des enfans adoptifs ayent plus d'attention que nos vrais enfans à fe rendre dignes de notre tendreffe.

tre les indiscrets, qui lui dérobent la vue du Spectacle.

Quelquefois au Théâtre François nous n'examinons pas plus severement les habits de certains Acteurs & de certaines Actrices que les décorations. Nous ne pardonnerions pas à un Comédien, que son rôle met dans l'obligation d'avoir un habit magnifique, de paroître sous un habit trop simple. Mais nous souffrons qu'une Comédienne, qui jouant le rôle d'une Suivante devroit affecter de la simplicité dans son ajustement, y employe beaucoup trop de magnificence. En cela, notre goût décidé pour le luxe nous fait oublier l'interêt de la verité de la représentation.

Si nous ne devons pas nous flatter, que les Comédiens se déterminent d'eux-mêmes à ne recevoir aucun Spectateur sur le Théâtre, nous ne pouvons non plus espérer que les Comédiennes

préferent à l'ajuſtement, ſous lequel elles croiront dompter plus
aiſément les cœurs, celui ſous
lequel elles réuſſiroient davantage
à tromper les yeux. N'exigeons
point d'elles un pareil ſacrifice.
Exigeons ſeulement qu'elles accordent, autant qu'elles le pourront, leur vanité avec les convenances, & que par un faſte trop
exceſſif elles ne nous ôtent pas
tout moyen de les prendre pour
les perſonnes qu'elles repréſen-
tent.

Exigeons auſſi que les Comédiens, ſur-tout ceux qui ſe char-
gent des principaux rôles Tragiques, gardent la vraiſemblance,
lorſqu'ils s'offrent aux yeux du
Spectateur après quelque action,
qui doit avoir cauſé néceſſairement du déſordre dans leur perſonne. On ne veut point voir
Oreſte, avec une chevelure artiſ-
tement friſée & poudrée, revenir
du Temple, où pour ſatisfaire
Hermione

Hermione il a fait affaffiner Pirrhus *. Je me fouviens qu'en repréfentant pour la premiere fois
Didon, la même Comédienne,
qui a joué avec tant d'art la
reconnoiffance de Penelope &
d'Uliffe, parut au cinquieme
Acte les cheveux épars, & dans
le dérangement d'une perfonne
qui fort précipitamment de fon
lit. Elle n'en ufa pas ainfi dans
les repréfentations fuivantes. Selon les apparences, ce fut par les
confeils de quelques prétendus
Connoiffeurs. Je confens qu'elle
faffe cas de leur amitié, mais je
l'exhorte à ne pas prendre leurs
avis.

A l'Opera, nous fommes plus
feveres qu'au Théâtre François
fur les habits & fur les décora-

---

* Non feulement les Comédiens ne doivent
point heurter de la forte les convenances, mais
ils font affujettis, ainfi que les Peintres, à fuivre
ce qu'on appelle *le Coftume*. Alexandre & Cefar
avec des chapeaux ne choquent pas moins la
raifon au Théâtre que dans un tableau.

N *

tions. Au Théâtre François, nous le fommes beaucoup plus qu'à l'Opera fur un autre article, étranger auffi aux talens des Comédiens. La beauté de la voix étant un avantage extrêmement rare, & étant néantmoins celui qui nous touche le plus à ce dernier Spectacle, nous y paffons plus volontiers à l'Acteur, pourvû qu'il poffede ce don & qu'il chante bien, de ne pas reffembler parfaitement à fon perfonnage. Au contraire, il faut que la perfonne du Comédien fafcine nos regards, & que chez lui la nature faffe les premiers frais de la verité. En parlant de cette néceffité, je n'ai infifté que fur la reffemblance generale & vague, qui doit fe trouver entre l'Acteur & l'original dont il eft la copie. Il s'agit ici d'une reffemblance plus particuliere & plus déterminée.

L'Acteur, qui le premier repréfenta l'Enfant Prodigue, tout excellent qu'il étoit dans le haut Comique, parut déplacé dans ce rôle, parce qu'il ne pouvoit être pris pour un jeune miferable, à qui fa mauvaife conduite venoit de faire fubir toutes les rigueurs de la plus affreufe pauvreté. L'air de fanté de Montmeny, loin de blefer dans le Malade Imaginaire, y étoit d'autant plus agréable, qu'il eft plus plaifant de voir un homme, à qui tout femble promettre la plus longue vie, fe croire continuellement dans un prochain peril de mort. Ce même air de fanté nuifoit au contraire à l'illufion dans le Légataire. Il eft facile d'en deviner la raifon. L'oncle du Légataire eft vraiment malade, & l'eft depuis longtems. Nous ne pouvions fuppofer que la longueur de fes fouffrances n'eût caufé nulle altération dans fa perfonne.

Si les Comédiens veulent que

la Repréſentation ait une entiere verité , qu'ils ayent donc ſoin non ſeulement de rendre leur action & leur récitation parfaitement vraies , mais encore de ne pas choiſir un perſonnage caracteriſé par quelque modification remarquable qui ne ſe rencontre point en eux. Ils ne peuvent trop ſe ſouvenir que le Spectacle tire tous ſes agrémens de l'imitation ; qu'il eſt une eſpece de Peinture, avec cette difference que ſes preſtiges doivent être fort ſuperieurs à ceux du pinceau ; que plus le Théâtre a d'avantages pour nous faire illuſion , plus nous exigeons qu'il nous la faſſe effectivement ; qu'il ne ſuffit pas que ſes fictions nous paroiſſent reſſembler aux évenemens dont elles ſont l'image , & que nous voulons pouvoir nous perſuader que les évenemens mêmes , & les principaux acteurs de ces évenemens , ſont préſens à nos yeux.

CHAPITRE X.

Dans lequel, aux principes déja établis sur la verité de la Récitation & de l'Action, on ajoûte quelques préceptes importans.

DEs réflexions que nous avons faites, sur la nécessité donr il est à l'Acteur de jouer avec verité, naissent naturellement celles qui composeront ce Chapitre. Cette nécessité renferme celle de préparer & de graduer les grands mouvemens, & de nuer les passages de l'un à l'autre.

Un Poëte Dramatique, qui connoît son art, cache avec soin aux Spectateurs où il veut les conduire. Le Comédien doit regler sa marche sur celle de l'Auteur, & ne nous laisser apperce-

N iij

voir le but que lorsque nous sommes prêts d'y toucher. Mais si nous ne voulons pas deviner ce qu'on nous reserve, nous ne voulons pas non plus qu'on nous trompe. Nous sommes bien aises de voir ce que nous n'attendions pas, mais nous sommes mécontens, lorsqu'on nous a fait attendre le contraire de ce que nous voyons. En dérobant à notre pénétration ce qui doit suivre, il faut nous y préparer.

Qu'une Actrice, en jouant le rôle de Phedre, nous fasse pressentir dès le commencement de la scene *, dans laquelle elle découvre sa passion à Hippolite, les excès auxquels elle est sur le point de se porter, la fin de la scene produira sur nous une beaucoup moindre impression. Que d'un autre côté cette Actrice n'ait pas recours à diverses préparations, jettées en apparence

* Act. 2. Scen. 5.

comme par hazard , mais employées effectivement avec deſſein , pour nous diſpoſer à la voir tomber dans ces excès , ils ne nous paroîtront pas vraiſemblables. Ils ne peuvent nous le paroître , qu’autant que lorſqu’elle s’y livre , nous jugeons , en nous rappellant ce qui les a précédés , que nous devions les prévoir.

Si elle a bien ſaiſi l’eſprit de ſon rôle , elle s’efforce , en récitant les premiers vers de cette ſcene , de faire remarquer que Phedre eſt la dupe de ſon cœur, & que ſes allarmes pour ſon fils ne ſont qu’un prétexte dont l’Amour ſe ſert pour l’engager à demeurer avec Hippolite. A peine donne-t-elle à ce Prince le tems de répondre. Elle lui coupe la parole, & ſentant l’impatience que Phedre doit avoir de perſuader à Hippolite , qu’elle n’eſt pas autant ſon ennemie qu’il ſe l'imagine, elle précipite sa récitation jusqu'à ce vers,

> Dans le fond de mon cœur vous ne pouviez
> pas lire.

Il importe à Phedre, qu'Hippolite ne perde pas ces mots. L'Actrice les prononce avec plus de lenteur, & par un soupir elle exprime ce qu'il lui en a couté pour feindre une haine qu'elle ne ressentoit pas.

Dans les vers suivans elle reprend sa récitation précipitée, y joignant un ton douloureux, qui puisse convaincre Hippolite, que tout ce qu'elle a fait contre lui, n'étoit rien moins que volontaire. Lorsqu'elle vient à dire,

> Si pourtant à l'offense on mesure la peine,
> Si la haine peut seule attirer votre haine,

elle fait succéder de nouveau la lenteur à la précipitation. Cette lenteur augmente au vers,

Jamais femme ne fut plus digne de pitié,

& notre Actrice, avant de prononcer le second hémistiche,
place une courte suspension,
comme pour se donner le tems
d'examiner si elle peut hazarder
l'expression qui se présente à son
esprit.

Sur la seconde réponse d'Hippolite, elle l'interrompt avec plus
de vivacité encore que la premiere fois. Tout à coup ensuite,
comme si elle avoit honte de
s'être livrée à son premier mouvement, elle baisse la voix, en
ajoûtant,

Qu'un soin bien different me trouble & me
dévore !

Elle se donne bien de garde
de débiter avec emphase, ainsi
que certaines Comédiennes,

On ne voit point deux fois le rivage des
morts.

Elle ne déclame point ces vers, ni les trois suivans : elle les parle en gardant un juste milieu entre une douleur hipocrite & une indécente indifference.

De la gradation. Après nous avoir ainsi disposés à voir sans étonnement les transports qu'elle va faire éclatter, elle leur permet de paroître, mais elle ne les développe que successivement. Elle fait que l'art de graduer n'est pas moins nécessaire que celui de préparer ; que toute impression diminue, lorsqu'elle n'augmente pas, & que s'il ne regne pas de progrès dans celles que nous éprouvons au Théâtre, nous tombons bientôt dans la langueur & dans le dégoût.

Desire-t-on de voir la gradation qu'il importe d'observer en certaines circonstances ? qu'on examine de quelle maniere dans ce petit nombre de mots,

°. . . . Il n'eſt point mort, puiſqu'il reſpire
  en vous.

Toûjours devant mes yeux je crois voir
  mon époux.

Je le vois. Je lui parle, & mon cœur . . .

notre moderne le Couvreur parcourt tous les degrés par leſquels on arrive de l'état le plus accablant à la plus parfaite ſatisfaction.

 Auſſitôt que Phedre a laiſſé échapper cette déclaration ſi ſurprenante pour Hippolite, elle ne peut ſe diſſimuler que le ſecret de ſon cœur n'eſt plus ignoré de ce Prince, & elle continue,

Oui, Prince, je languis, je brûle pour
  Theſée.

Je l'aime, non point tel que l'ont vû les
  Enfers,

Volage adorateur de mille objets divers,

Qui va du Dieu des Morts deshonorer la
  couche,

Mais fidele, mais fier, & même un peu
  farouche,

Charmant, jeune, traînant tous les cœurs
        après foi ,
Tel qu'on dépeint les Dieux, ou tel que je
        vous voi.

On ne pourroit abfolument regarder comme faux le jeu d'une
Actrice , qui dès les premiers
vers déployeroit toute la véhémence dont elle eft capable.
Mais elle montrera plus d'art ,
en ne la déployant que par degrés. La Comédienne que je propofe pour modele , fuppofe que
Phedre conferve encore quelque
refpect pour elle-même , & que
tant qu'elle parle de Thefée pour
faire indirectement le portrait
d'Hippolite , elle ne s'abandonne
pas à toute fa foibleffe. Cette fa-
vante Actrice ne prend un ton
vraiment paffionné , que lorfqu'elle dit ,

. . . . . Pourquoi fans Hippolite
Des Héros de la Grece affembla-t-il l'élite?

.   .   .   .

Depuis cet endroit, son feu va toujours en croissant. Il redouble à ces vers,

Par vous auroit péri le monstre de la Crete.
. . . .

Ma sœur du fil fatal eût armé votre main.

A cet autre,

Mais non. Dans ce dessein je l'aurois dé-
vancée,

elle n'impose plus aucun frein à ses mouvemens. Un torrent, qui rompt une digue est moins rapide que ces paroles,

Un fil n'eût point assez rassuré votre Amante.
. . . .

Moi-même devant vous j'aurois voulu
marcher,
Et Phedre au Labirinte avec vous descendue,
. . . .

Ici l'Actrice nous reserve un nouveau trait de son habileté. On

s'attend qu'à l'imitation d'une Tragique qui a primé long-tems sur la Scene, elle employera dans le dernier vers,

Se seroit avec vous retrouvée ou perdue,

plus de vivacité encore que dans les précedens. Il semble même qu'elle le devroit, pour observer les regles de la gradation. C'est ce qu'elle ne fait point. Elle ne le prononce qu'en trois tems, & s'arrêtant après le mot *vous*, ainsi qu'après celui *retrouvée*, elle ne met dans cette fin de son discours qu'une tendresse, inquiette de savoir qu'elle impression il a faite sur un Prince, qui sans le vouloir l'a rendue si malheureuse. En prenant ce parti, elle nous satisfait plus que si sa déclamation étoit fort véhémente, parce qu'entre deux facons de jouer, nous tenons plus de compte de celle dans laquelle nous remarquons un sentiment finement apperçu, que de celle dans laquelle nous ne voyons qu'un sentiment fortement exprimé.

Hippolite ne laisse pas long-tems Phedre dans l'incertitude, & après qu'il lui a dit,

Ma honte ne peut plus soutenir votre vue,

l'amour de cette Princesse se change en fureur. Là, il n'y a point d'intervalle entre les deux mouvemens, & le passage de l'un à l'autre n'a point besoin de nuances intermédiaires. Par-tout, le changement n'est pas aussi subit. Ordinairement, une passion ne détruit pas sans quelque combat une passion contraire, & lorsqu'il s'agit de peindre le procedé qu'à cet égard suit la nature, le talent de nuer les passages est nécessaire aux Comédiens.

La Scene sixieme du quatrieme Acte de Zaïre * me fournira un exemple de l'usage qu'ils doivent faire de ce talent. Dans cette Scene, l'Acteur qui joue le rôle d'Orosmane doit se rappeller, que ce Sultan s'annonce comme assez genereux, pour sacrifier sa passion, s'il découvre que Zaïre soit entrainée vers quelque autre par un penchant invincible, mais qu'il veut lire dans le cœur de cette Belle ; qu'il desire que si elle lui refuse son amour, elle lui accorde sa confiance ; qu'il peut consentir de n'être pas favorisé comme Amant, mais qu'il ne peut se résoudre à n'être pas distingué comme ami, & qu'il seroit plus offensé de la dissimulation que de l'indifference.

Ces dispositions étant supposées dans Orosmane, il est évident

* On peut citer après Phedre une Piece que l'amour lui-même semble avoir dictée.

qu'il

qu'il n'écoute tout son ressentiment , que lorsqu'il croit être
convaincu de l'obstination de
Zaïre à le tromper par une feinte
tendresse. Non seulement il ne
cede qu'alors à son courroux ,
mais même auparavant il est un
instant , dans lequel on s'imagine qu'un seul mot de la bouche
de Zaïre va calmer l'orage qui
gronde sur sa tête , & à cette
occasion il est à propos de remarquer qu'il se fait successivement deux métamorphoses dans
le cœur d'Orosmane ; que d'abord
il passe de la fierté à l'attendris-
sement , & qu'ensuite ce dernier
mouvement fait place au plus
violent dépit.

Il est donc à présumer que le
Sultan prend d'abord le ton de
Souverain , non d'un Souverain
irrité , (il auroit à craindre d'ef-
frayer Zaïre , & de la détourner
par là de l'aveu qu'il veut tirer
d'elle) mais d'un Monarque dé-

O *

terminé à pardonner, pourvû qu'elle se reconnoisse coupable.

Quelque penchant qu'il ait à la clémence, il est sensible au tort prétendu de sa Maîtresse, & s'il a la force de ne pas lui montrer de ressentiment, du moins il affecte de lui parler avec froideur. Insensiblement, en la regardant, il sent son amour se rallumer, & bientôt entraîné par sa foiblesse il lui dit avec un tendre emportement,

Ta grace est dans mon cœur. Prononce. Elle t'attend.

Ayant donné cette assurance à Zaïre, il ne doute pas qu'elle n'use avec lui de la sincerité qu'il demande. Comme les premiers discours de cette jeune Beauté ne répondent pas d'une façon précise à la question qu'il lui a faite, il demeure incertain pendant quelque tems, s'il doit ceder à l'amour ou à la haine. Sa

eolere se ranime, lorsqu'il entend
Zaïre prononcer,

Je jure que Zaïre, à soi-même rendue,
Des Rois les plus puissans détesteroit la vue;
Que tout autre après vous me seroit odieux.

Plus Zaïre met de tendresse dans
son expression, plus il la soup-
çonne de fausseté, & plus elle
lui paroît indigne de pardon.
Ainsi il s'irrite plus, à mesure
qu'elle se passionne davantage,
& cette protestation,

Si mon cœur fut coupable, Ingrat, c'étoit
pour vous.

Cette protestation, dis-je, qui devroit désarmer un Amant moins
prévenu, acheve de porter au
plus haut point l'indignation d'O-
rosmane. Le mépris chez lui se
joint à l'indignation. Il dédaigne
de faire éclatter le transport qui
l'agite.

Un reste d'amour vient combattre encore dans le cœur du Sultan. Il est tenté de faire un nouvel effort, pour obliger Zaïre de renoncer à sa dissimulation. Il lui adresse de nouveau la parole, & il prononce le nom de cette infortunée avec un courroux mêlé de trouble & de tendresse. Mais enfin son ressentiment l'emporte. Les preuves, qu'il croit avoir de la trahison de sa Maîtresse, se présentant à lui dans toute leur horreur, il ne voit plus en elle qu'une Parjure, qui mérite le plus cruel supplice.

L'art de passer adroitement d'un mouvement à l'autre est difficile. Il l'est sur-tout, lorsque ces mouvemens se détruisent l'un l'autre avec une extrême rapidité, ainsi que dans ces endroits de la même Tragédie de Zaïre,

O nuit, nuit effroyable !
Peux-tu prêter ton voile à de pareils forfaits ?
Zaïre !.... L'Infidele !.... Après tant de
bienfaits ?

J'aurois d'un œil serain, d'un front inal-
 térable,
Contemplé de mon rang la chute épou-
 vantable.
J'aurois su dans l'horreur de la captivité
Conserver mon courage & ma tranquillité.
Mais me voir, à ce point, trompé par ce que
 j'aime !

Hélas ! le crime veille, & son horreur me suit.
A ce coupable excès porter sa hardiesse !
Tu ne connoissois pas mon cœur & ma
 tendresse,
Combien je t'adorois ; quels feux. . . . Ah ,
 Corasmin ,
Un seul de ses regards auroit fait mon destin,
Je ne pus être heureux, ni souffrir que par
 elle.
Prens pitié de ma rage. Oui, cours. . . Ah !
 la cruelle !

Voilà les premiers pleurs qui coulent de
 mes yeux.
Tu vois mon sort. Tu vois la honte où je
 me livre.
Mais ces pleurs sont cruels, & la mort va
 les suivre.

O iij

Plains Zaïre. Plains-moi. L'heure approche.
Ces pleurs,
Du sang qui va couler, sont les avant-cou-
reurs.

CHAPITRE XI.

Du Jeu naturel.

IL se peut faire que le jeu d'une personne de Théâtre, quoique renfermant la plûpart des conditions dont il a été parlé, & par conséquent ayant les principaux caracteres dont dépend la verité de l'action & de la récitation, cependant ne soit pas naturel.

On demande si le naturel est toûjours nécessaire au Théâtre. Cette question a besoin d'un éclaircissement. Entend-t-on seulement par jeu naturel celui qui n'a pas l'air peiné ? Tous les Acteurs, soit que leurs rôles exigent

un jeu simple, soit que ces rôles
ne l'exigent pas, sont dans l'obligation de jouer naturellement *.
Les rôles, qui doivent être joués
avec simplicité, sont à ceux d'autre espece ce qu'est la danse terre
à terre à l'égard de la danse haute.
La derniere comporte des attitudes & des pas de force que ne
permet point la premiere. Mais
dans l'une ni dans l'autre nous
ne voulons remarquer rien qui
sente l'effort. Un Danseur ne
plaît dans la seconde, qu'autant
qu'il paroît ne pas être plus gê-
né, en exécutant les choses les
plus difficiles, que s'il n'en exé-

* Il ne faut pas confondre le jeu négligé
avec le jeu aisé. Celui-ci, bien loin d'exclure
le travail, le suppose. Souvent, on ne laisse
appercevoir l'étude que parce qu'on n'a pas
assez étudié. Entre les diverses façons de jouer
avec verité, celle qui est la plus dénuée de
faste & d'appareil est quelquefois celle qui a
coûté le plus de soin, ainsi que les vers, qui
paroissent avoir été composés avec le moins de
peine, sont souvent ceux qui ont été faits le
plus difficilement.

cutoit que de faciles & à la portée
de tous les Danſeurs.

Si l'on donne plus d'étendue
à la ſignification du mot *naturel*,
& ſi l'on veut qu'il déſigne l'imitation exacte de la nature commune, je prononcerai hardiment
que dans certains cas un Acteur
deviendroit inſipide, en jouant
toûjours naturellement. Premie-
rement, il eſt des rôles Comiques, dans leſquels on approche
d'autant plus de la verité, qu'on
employe plus certaines affecta-
tions qui caractériſent le perſonnage qu'on repréſente. Tels ſont
ceux des deux Folles dans les
Précieuſes ridicules, du Neveu
de M. Purgon dans le Malade
imaginaire, de M. l'Empezé dans
l'Aveugle clairvoyant. Seconde-
ment, il n'eſt pas douteux que
le Comédien ne puiſſe & même
ne doive quelquefois uſer de
charge. Cette propoſition révol-
tera d'abord quelques Lecteurs.

Peut-être leur paroîtra-t-elle
moins déraisonnable, après qu'ils
auront lù les observations suivantes ?

PREMIERE OBSERVATION.

Mal-à-propos se sert-on du
mot *charge*, en parlant du trop
de véhémence de la déclamation
d'un Acteur Tragique. Lorsqu'un
Peintre, dans un tableau destiné
à nous toucher, fait grimacer ses
figures, on ne dit pas qu'il charge ; on dit qu'il rend mal ce
qu'il veut exprimer. Lorsqu'un
Comédien, dans la Tragédie,
pour être pathétique, emprunte
les mouvemens d'un furieux, on
ne doit pas non plus dire qu'il charge son rôle ; on doit dire qu'il joue
un rôle différent.

La charge est au Théâtre la
même chose que dans la Peinture. C'est un excès qu'on se
permet pour se moquer, ou pour

faire rire. Un Peintre, dans une débauche d'imagination , trace une figure grotefque. Il l'accable fous le poids d'une boffe, dont l'énormité furpaffe tout ce qu'on a pû voir en ce genre. De même un Acteur Comique, pour s'égayer ou pour égayer les Spectateurs, peut porter quelques efpéces de ridicule à un plus haut point qu'elles n'ont jamais été portées.

SECONDE OBSERVATION.

Cette liberté eft permife à l'Acteur Comique, mais elle ne l'eft qu'à certaines conditions & dans certaines circonftances.

Elle ne l'eft qu'à certaines conditions. Il faut qu'en quelque forte la charge déraifonne avec raifon , & qu'elle conferve une efpéce de régle dans fon défordre. On confent qu'un Peintre, excité par un joyeux délire , peigne une figure avec un nés d'une longueur excessive, mais on veut que ce nés ait la forme des autres nés qu'on connoît, & qu'il soit à la place que la nature lui a assignée. On trouve bon qu'un Comédien aille quelquefois plus loin que la nature ne va ordinairement, mais on ne veut point que pour nous donner du comique, il nous donne des monstres. L'un & l'autre peuvent grossir les objets. Ils ne doivent pas les rendre méconnoissables.

Non-seulement l'Acteur Comique doit s'en tenir à grossir les objets, mais même, en se renfermant dans ces bornes, il est obligé, lorsqu'il hazarde quelque charge, d'user de certaines précautions. Elle ne réussit qu'autant que le Comédien a conduit les Spectateurs à une espéce d'yvresse, dans laquelle ils ne puissent le juger avec la même sévérité que s'ils étoient de sang froid. Nous avons remarqué que la charge étoit une exagération dictée par l'enjouement. Elle reſſemble aux licences qu'on ſe permet dans la converſation. Telle plaiſanterie, qu'on n'oſeroit riſquer ſi l'on n'étoit écouté que par des perſonnes ſérieuſes & tranquilles, eſt applaudie dans une aſſemblée où préſide une joie tumultueuſe. Tel ton, tel geſte, paroîtroient outrés chez un Acteur, ſi on les examinoit avec réflexion, & ils plaiſent lorſqu'il ne laiſſe pas la liberté d'en faire l'analiſe.

Avec ces deux conditions on en exige encore deux autres. C'eſt que la charge ne ſoit pas trop fréquente, & qu'elle ne paroiſſe pas déplacée.

De même qu'elle n'eſt permiſe qu'à certaines conditions, elle ne l'eſt que dans certaines circonſtances. En général, elle ne con-

vient à aucun des Acteurs destinés à repréſenter ce qu'on appelle dans le monde les honnêtes
gens, ſurtout lorſque les perſonnages de ces Acteurs doivent exciter l'interêt. Dans d'autres rôles
elle peut être agréable, & quelquefois même elle eſt néceſſaire.

L'intrigue d'une Comédie de-
mande-t-elle que des Valets ou
des Suivantes empruntent les habits & les airs de perſonnes d'importance ? Pourvû que l'Acteur
ou l'Actrice ne pouſſe pas la
charge au point que les perſonnages, qu'il s'agit de tromper, ne
puiſſent être ſes dupes, la charge
ſera certainement agréable.

A ce ſujet, il ſe préſente une
objection. Pourquoi permet-on à
un Comédien, qui prend un traveſtiſſement au-deſſus de la condition de ſon perſonnage, ce
qu'on ne lui permet pas lorſqu'il
prend un traveſtiſſement au-deſſous ? On peut répondre qu'une

perſonne de naiſſance ſe dégrade
en quelque ſorte par un dégui-
ſement indigne de ſon état. Nous
ne voulons pas qu'elle s'aviliſſe
encore davantage en paroiſſant
s'y complaire , & elle s'expoſe
au riſque d'en être ſoupçonnée,
ſi elle ne ſe borne pas à ce qui
lui eſt abſolument néceſſaire pour
éviter d'être reconnue. Au contraire une perſonne du peuple
gagne , en ſe montrant jalouſe
de reſſembler à des perſonnes au-
deſſus d'elle. D'ailleurs , comme
elle ne peut en être qu'une copie fort défectueuſe , elle ajoute
le plaiſir que nous fait la vanité
de ſes efforts , au plaiſir que nous
avons de voir les perſonnages,
qu'elle trompe , ne pas s'appercevoir de leur erreur.

Il eſt des rôles , dans leſquels la
charge eſt non ſeulement agréable , mais encore néceſſaire. Scapin * contrefait Argante , pour

* _Fourberies de Scapin. Act._ 1. _Scen._ 3.

aguerrir Octave à soutenir la présence d'un pere irrité. L'Acteur en cet endroit est obligé d'user de charge, & il est le maître de la porter aussi loin qu'elle peut aller, parce qu'au lieu de nuire ici à la vraisemblance, elle l'augmente. Il seroit moins vraisemblable qu'Octave demeurât interdit, si l'extrême véhémence des discours de Scapin, & la violence de son emportement, ne faisoient illusion à ce jeune Amant, & ne le conduisoient à s'imaginer voir dans Scapin le redoutable Argante.

Ce seroit abuser de la patience des Lecteurs, que de faire l'énumération de tous les rôles, dans lesquels il est essentiel de charger. On doit compter dans ce nombre ceux qui ne sont point les copies d'originaux connus, par exemple, celui de Crispin ; ceux dans lesquels l'Auteur s'est proposé de copier quelques originaux, mais s'est donné la liberté

de les copier dans le burlesque,
tels que ceux de Toutabas dans
le Joueur, & de Cliftorel dans
le Légataire ; enfin ceux dans
lesquels l'Auteur prête à ses por-
traits des touches extrêmement
fortes, comme ceux de l'Avare,
d'Arnolphe & du Bourgeois Gentilhomme.

Vous devez enfler quelquefois
les tons & les geftes dans les rôles
de la premiere & de la seconde
espece, parce que ces rôles font
eux-mêmes des charges. Vous
le devez aussi dans ceux de la
troisieme classe, parce qu'il faut,
en étourdiffant le Spectateur, le
détourner d'examiner si l'Auteur
n'a pas excedé les bornes de la
vraifemblance. Ce vers,

* Savez-vous bien, Monsieur, que j'étois
dans Cremone ?

a dans la bouche de Crispin toute
une autre grace, prononcé avec

* Comédie des Folies amoureuses. Act. 1. Scen. 5.

emphafe,

emphafe, que débité fimplement.
Que Toutabas dife d'un ton ordinaire,

....* Vous plairoit-il de m'avancer le mois?

cela ne fera qu'un médiocre effet.
Qu'il le dife de la maniere dont
le difoit l'Acteur †, qui repréfen- † Feu Dan-
toit jadis avec tant d'applaudiffe- geville.
ment ce rôle & plufieurs autres
rôles femblables. Il excitera un
ris général. Si Harpagon, après
avoir vifité les mains du Valet
de fon fils, demande de fang
froid à voir les autres mains de
ce même Valet, une partie des
Spectateurs donnera raifon aux
Cenfeurs, qui ont prétendu que
Moliere ne devoit point copier
cet endroit de Plaute. Si l'Acteur
nous peint un Avare qu'une violente colere agite, & dont la défiance trouble la cervelle, nous
ne trouverons plus la critique

* Dans le Joueur. Act. 1. scen. 8.

P

fondée. Il ne nous semblera pas extraordinaire , que cet Avare oublie qu'il parle des mains de la Fléche , & que pensant aux poches de ce Valet , il exige qu'on lui montre les autres.

TROISIÉME OBSERVATION.

L'observation précédente peut servir à convaincre plusieurs personnes , que souvent elles décident sans se rendre un compte bien exact des raisons qui fondent leur jugement. Plus d'un Spectateur certainement a regardé jusqu'ici la charge comme étant dans tous les cas un défaut , & l'on voit qu'elle est souvent une perfection.

Malgré ce qui vient d'être démontré , peut-être en diverses occasions n'en jugera-t-on pas plus équitablement quelques Comédiens ? Un Acteur , excellent dans l'art de jouer les Valets ,

se livre à son feu, & se donne
la Comédie à lui-même. Il employe une charge ingénieuse, &
on lui fait son procès de nous
avoir divertis.

Un autre Acteur Comique, qui
pour faire rire n'a besoin que de
se montrer, n'éprouve pas la même injustice. Il en a l'obligation
aux rôles qu'il joue le plus ordinairement. Quoique ne chargeant
qu'à propos, il charge peut-être
plus continuement que le Comédien dont je viens de parler, mais
on ne s'avise pas de l'en blâmer,
parce que ses rôles sont des especes de grotesques auxquels la régularité des proportions n'est pas
nécessaire.

CHAPITRE XII.

Des finesses de l'art des Comédiens, prises en general.

DANS tout le cours de cet Ouvrage , nous avons eu soin de ne pas confondre avec la multitude les personnes qui ont du goût & du discernement. Les Spectateurs de cette seconde espece forment entre eux des classes qui doivent être aussi distinguées. Chez les uns , l'esprit juge sainement de ce qu'on lui présente , mais renfermé dans certaines bornes , il n'examine pas si ce qu'il voit est tout ce qu'il avoit droit d'attendre. Chez les autres , une imagination vive & féconde accompagne une raison droite & lumineuse , & ceux-ci , ne se contentant pas que ce qui leur est offert soit bon , se plaignent si on ne leur donne pas tout ce qu'ils esperoient.

Quand un Acteur met à peu près dans son action & dans sa récitation toute la verité convenable ; quand il ne laisse appercevoir nulle-part le travail ni l'effort, les Spectateurs de la premiere classe ne demandent pas davantage, parce qu'ils n'imaginent rien au-delà. Il n'en est pas de même de ceux de la seconde. A leur tribunal, il y a entre le jeu qui n'est que naturel & vrai, & celui qui de plus est ingénieux & fin, la même difference qu'entre le livre d'un homme qui n'a que du savoir & du bon sens, & le livre d'un homme de génie. Ils veulent non-seulement que le Comédien soit copiste fidele, mais encore qu'il soit créateur. C'est dans ce dernier point, que consistent les finesses de son art.

Quelque esprit qu'ait un Auteur, quelque application qu'il

apporte à la perfection de son Ouvrage, il ne pense pas à tout, & il lui arrive quelquefois d'omettre diverses choses, qui auroient fait grace dans sa Piece. De tems en tems aussi, lorsqu'il écrit en vers, la gêne de la mesure & de la rime ne lui permet pas de dire tout ce qu'il sent, &, par la suppression d'un mot qu'il ne peut placer, une idée fine est perdue pour un grand nombre de personnes, si le Comédien ne les aide à la découvrir *.

Au lieu que les Acteurs médiocres ne voyent que par les yeux de l'Auteur ; au lieu qu'ils ne soupçonnent point qu'il ait pû rien ajoûter à ce qu'il dit, les

* Les Acteurs étant obligés de faire plus de supplémens dans les Pieces en vers que dans celles en prose, il s'ensuit qu'ils ont encore plus besoin d'esprit pour jouer les premieres, que pour jouer les secondes. Ce devroit être pour eux une nouvelle raison de préferer ces dernieres.

remarques, qui lui ont échappé, sont saisies par les Acteurs supérieurs, & ce qui manque dans le dialogue se retrouve dans leur jeu. Avec eux, on peut sans risque omettre ou sous-entendre. On est toûjours sûr du supplément ou du commentaire.

Ils se distinguent sur-tout par le talent de peindre des sentimens, qui ne sont point exprimés par le discours, mais qui conviennent au caractere & à la situation du personnage.

Lorsque Severe après la mort de Polieucte dit à Felix & à Pauline *,

Servez bien votre Dieu, servez votre Monarque,

il se soucie peu qu'ils demeurent attachés à leur religion, mais il regarde la fidélité à l'Empereur, comme un devoir dont ils ne

____
* Polieucte. Act. 5. Scen. dern.

P iiij

peuvent se dispenser. Aussi Baron, habile à deviner ce que les Auteurs ne disoient pas, mais qu'ils vouloient ou devoient vouloir dire, prononçoit-il les dernieres paroles d'une maniere fort différente de celle dont il prononçoit les premieres. Il passoit légerement sur un hémistiche, & il appuyoit fortement sur l'autre. Dans le premier, il prenoit le ton d'un homme, qui touché des vertus des Chrétiens, mais n'étant point convaincu que leur religion fût la seule vraie, ne trouvoit pas mauvais qu'on la professât, mais ne croyoit point nécessaire de l'embrasser. Dans le second, il annonçoit par un geste fin & par une inflexion adroite, combien le devouement pour le service du Souverain lui paroissoit un point plus capital que l'exacte observation du Christianisme.

Le rôle de l'Homme du Jour, dans la Piece des Dehors Trompeurs, est un de ceux dans lesquels l'Acteur a le plus d'occasions de faire éclatter de semblables finesses. Au troisieme Acte, le Marquis profitant de l'erreur du Baron, qui ne le connoît pas pour son rival, le prie de faire remettre par Lucile une lettre à l'amie prétendue de cette Belle. Le Baron accepte la proposition. Peut-être M. de Boissy, en lui faisant répondre au Marquis, *vous serez satisfait*, ne demandoit au Comédien que d'emprunter l'air obligeant d'un ami qui veut servir son ami. Un Acteur, accoutumé à nous surprendre souvent dans la Comédie par quelque trait délicat & inattendu, trouve le moyen d'augmenter le comique de cette Scene, déja par elle-même extrêmement plaisante. Il paroît non-seulement être charmé de favoriser l'amour du Marquis, mais encore se reprocher de ne lui avoir pas fourni l'expédient dont celui-ci s'avise. Par-là, nous avons la double satisfaction de voir le Baron être en même tems la dupe, & de l'aveuglement qui lui laisse ignorer qu'il est la personne qu'on trompe, & de la malignité qui lui fait régretter de n'être pas l'inventeur de la ruse par laquelle cette personne est trompée.

De même qu'on montre de la finesse, en disant plus par son jeu que ne dit l'Auteur, on en montre aussi quelquefois en prevenant ce qui sera dit, mais qui ne l'est pas encore. Feu la Thorilliere usoit de cette adresse dans la Mere Coquette. La mort du mari d'Ismene n'est pas assez constatée, pour que cette folle ose risquer de secondes nôces. Laurette entreprend de l'autoriser à faire cette demarche, & pour cet effet elle veut contraindre Champagne de certifier qu'Ismene est veritablement veuve. Celle-ci survient *,

* Act. 2. Scen. 4.

avant que Champagne ait consenti de faire ce qu'exige Laurette. La Suivante rusée, se flat-
tant que ce Valet, dont elle est
aimée, n'aura pas la force de la
dédire, & qu'il aura encore moins
celle de résister au diamant qu'elle lui offre, feint qu'il lui a con-
firmé que rien ne s'oppose plus
au penchant d'Ismene pour Acan-
te. La Thorilliere, après avoir dit
en prenant la bague, *Puisque vous
le voulez*, *Madame*, gardoit un
assez long silence, & il ne laissoit
échapper ces mots, *Il est donc
mort*, qu'après avoir consideré le
diamant à plusieurs reprises. On
lisoit ainsi d'avance dans son action cette déclaration que Champagne fait quelque tems après,

> Au moins, s'il n'est pas fin, le defunt
> n'est pas mort.

A cette finesse, la Thorilliere
en joignoit une autre. En examinant la bague, il ne la regardoit
qu'à la dérobée. Moyennant cette

attention, il évitoit de marquer à la Veuve une défiance trop injurieuse, & il étoit comique, sans paroître incivil. Nous verrons ailleurs, que dans certains rôles de Comédie les Acteurs ne sont pas toûjours obligés d'être si scrupuleux sur les bienséances. Dans d'autres rôles, & particuliérement dans la Tragédie, ils ne peuvent trop les observer, & entre les finesses de leur art celles qu'ils peuvent devoir à cette étude tiennent un des premiers rangs. Mais il n'est pas commun de rencontrer toutes celles qu'on souhaite en ce genre.

Mettez dans la bouche d'un Comédien ordinaire ce vers d'Agamemnon à Clitemnestre,

> Madame, je le veux, & je vous le commande *.

* Iphigenie, Scen. 1. du 3. Acte, dans laquelle Agamemnon, importuné par les instances que fait Clitemnestre pour conduire sa fille à l'Autel, déclare à cette Reine qu'elle ne peut avoir cette satisfaction.

Il le déclamera d'un ton impérieux , & il ne sera point desapprouvé par la plus grande partie des Spectateurs. Il le sera par ceux qui ont remarqué dans cet endroit l'art de l'Acteur, chargé des rôles de Rois au Théâtre François. Cet Acteur modere considerablement son ton, en disant, *Je vous le commande*. Il juge qu'Agamemnon , en même tems qu'il se propose de persuader à Clitemnestre qu'il veut être obéi , desire de lui adoucir le chagrin de s'entendre donner un ordre , & nous sommes charmés de voir l'amour propre de cette Reine ainsi menagé par le Prince son Epoux.

Des personnes de Théâtre , capables de saisir ces attentions délicates que des personnages , quoiqu'étant d'un rang égal , se doivent l'un à l'autre , ne le sont pas toûjours de sentir ce que leur propre personnage se doit à lui-même. Que des Actrices , qui n'ont

pas cette finesse de sentiment,
ayent à débiter ce discours de Junie à Néron.

* . . . . Il a su me toucher,
Seigneur, & je n'ai point prétendu le cacher.

. . . .

. . . . Je lui fus destinée,
Quand l'Empire devoit suivre son himenée.
Mais ces mèmes malheurs qui l'en ont
    écarté,
Ses honneurs abolis, son Palais deserté,
La fuite d'une Cour que sa chute a bannie,
Sont autant de liens qui retiennent Junie.

. . . .

Nous n'entendrons que des pleu-
reuses monotones, qui nous pein-
dront Junie comme une Amante
uniquement occupée du desir de
fléchir la dureté de l'Empereur.
Une Comédienne, qui sait que le
respect pour soi-même & le courage sont des bienséances de l'état
d'une personne née près du trô-

* *Britanicus. Act. 2. Scen. 3.*

ne , nous la repréſentera comme une Princeſſe tendre & ingénue , mais prudente & ferme , qui aime véritablement , & qui ne cache point ſon amour , mais qui veut qu'on croye qu'elle aime moins par foibleſſe que par juſtice & par généroſité , & qui fait ſentir que ſi elle laiſſe échapper ſon ſecret , c'eſt parce qu'elle tient au-deſſous d'elle de le diſſimuler.

Toutes les fineſſes ne peuvent pas être du même ordre. Quelques-unes ajoûtent peu au fond des diſcours , mais elles ajoûtent beaucoup à la verité de la Repréſentation.

Rodogune tâche d'excuſer ſa paſſion pour Antiochus par ces vers adreſſés à ſa Confidente *,

Il eſt des nœuds ſecrets , il eſt des ſimpa-
    thies ,
Dont par le doux rapport les ames aſſor-
    ties ,

* *Rodogune. Act. 1. Scen. 5.*

S'attachent l'une à l'autre, & se laissent pi-
    quer
Par ce je ne sais quoi qu'on ne peut ex-
    pliquer.

L'Actrice qui a coûtume de jouer
ce role sur le Théâtre de Paris,
& du jeu de laquelle on peut citer plusieurs autres finesses fort
au-dessus de celle-ci, s'arrête après
le mot *ce* du dernier vers. Par
cette suspension , elle se donne
l'air d'une personne, qui cherche
un terme propre à désigner la
tyrannie du pouvoir inconnu dont
elle parle. Il semble que c'est par
l'impuissance de trouver ce terme,
qu'elle y substitue une expression
vague & indéterminée, & son embarras marque la difficulté de deviner les ressorts , employés par
l'amour pour unir deux cœurs,
qui naturellement n'étoient pas
destinés l'un pour l'autre.

Baron par un simple geste prê-
toit une nouvelle vivacité d'ex-
    pression

preſſion à ces vers que Severe dit à Fabian *,

Mais, à parler ſans fard de tant d'apothéoſes,
L'effet eſt bien douteux de ces métamor-
    phoſes,
Les Chrétiens n'ont qu'un Dieu, Maître
    abſolu de tout,
De qui le ſeul vouloir fait tout ce qu'il
    réſout.
Mais, ſi j'oſe entre nous dire ce qui me
    ſemble,
Les nôtres bien ſouvent s'accordent mal
    enſemble,
Et me dût leur colere écraſer à tes yeux,
Nous en avons beaucoup, pour être de
    vrais Dieux.

Je ne m'arrêterai point à vanter l'intelligence, avec laquelle il faiſoit ſonner le mot *beaucoup*, dont dépend la force de l'argument. Je veux ſeulement faire obſerver par quel moyen, indépendamment de la fineſſe & de la juſteſſe de ſes inflexions, il captivoit l'attention des Spectateurs. Entre le penul-

* *Polieucte. Act. 4. Scen. 6.*

Q *

tiéme & le dernier vers, il s'approchoit de Fabian, feignant d'examiner s'il ne pouvoit être entendu ; & comme pour obliger son Confident de ne pas perdre un mot de la fin du discours, il mettoit une main sur l'épaule de Fabian, avant de prononcer,

Nous en avons beaucoup, pour être de vrais Dieux.

Certains délicats de son tems ont prétendu que ce Comédien dans la Tragédie avoit l'action trop familiere. J'avoue qu'il tomboit quelquefois dans ce défaut. Mais souvent on condamnoit mal à propos en lui, comme trop voisins de la familiarité, des gestes & des tons sans lesquels son jeu n'auroit pas eu l'extrême verité qui le distinguoit. Un ton, un geste, sont-ils vrais ? Sont-ils expressifs ? Ne dégradent-ils ni le personnage qui parle, ni celui avec qui il s'entretient ? Employezles hardiment, sans craindre de blesser la majesté de la Tragédie.

Le Comédien habile ne croit pas que les finesses de son art se bornent au talent de prêter des ornemens aux ouvrages dramatiques. Il tâche d'en sauver les défauts.

Cela ne lui est pas toûjours possible. Quelques-uns ne peuvent se pallier. De cette espece sont certaines expressions communes ou surannées, qui se rencontrent dans les Pieces du grand Corneille. On devroit pour toûjours en retrancher ces taches, & les gens sensés aimeroient mieux voir plusieurs de ses vers tronqués, ou même entierement supprimés, que de le voir exposé aux froides railleries des Spectateurs d'un esprit superficiel. Ces prétendus Aristarques, peu capables de s'occuper long-tems d'un grand interêt, en sont facilement détournés par les objets de la moindre importance. Dans la Scene la plus majestueuse & la plus pathétique, perdant de vûe les beautés supérieures dont elle est remplie, ils fixent leur attention sur une imperfection légere, qui souvent n'en est une que parce que la langue & les usages ont changé.

A la place des Comédiens, je ne supprimerois pas seulement quelques vers de Corneille. Je rayerois de plusieurs Pieces un grand nombre de déclamations inutiles, qui font languir les Scenes, & refroidissent le Spectateur. Je porterois plus loin la hardiesse, & je prendrois pour des rôles entiers la liberté qu'ils ont prise pour celui de l'Infante dans le Cid, & pour celui de Livie dans Cinna. Si je ne pouvois par moi-même remédier aux fautes d'un Auteur, j'aurois recours aux personnes qui exercent son art. J'engagerois quelques Poëtes assez modestes, s'il en eft, pour fe donner la peine de perfectionner les ouvrages des autres, à corriger divers difcours défectueux mais pourtant néceffaires, & fur-tout à couper le Dialogue dans les endroits où naturellement un perfonnage doit être interrompu par celui à qui il parle.

Sans doute il feroit à fouhaiter qu'on fît ces changemens dans diverfes Tragédies & dans diverfes Comédies, mais fouvent elles peuvent s'en paffer, lorfqu'elles font jouées par de grands Acteurs. Il faut qu'un défaut foit extrêmement marqué, pour qu'ils ne trouvent pas le moyen de le faire difparoître.

L'Auteur fait-il parler trop longuement le perfonnage, avec lequel ils font en fcene? Ils fe gardent bien d'imiter ces Actrices, qui fe perfuadent que dès qu'elles n'ont rien à dire, elles font difpenfées de prendre part à l'action de la

Piece , & qui pendant ce tems
s'amufent à parcourir des yeux la
Salle & l'Affemblée. Par leur jeu
muet, ils ont l'art de parler, même pendant que l'Auteur les condamne au filence.

Les difcours , qui leur font ad-
dreffés , ne font-ils pas trop longs ,
mais ce défaut fe trouve-t-il dans
ce qu'ils ont à répondre ? Ils favent
abréger une ennuyeufe tirade par
la rapidité avec laquelle ils en débitent une partie , & par l'air d'importance qu'ils donnent à l'autre.
Ce dernier article eft un de leurs
principaux foins. Pourvû qu'il ne
foit pas impoffible de faire valoir
un vers , ils poffedent le fecret de
donner aux plus foibles de la no-
bleffe & de l'énergie. Tout fe rec-
tifie dans leur bouche. Dès qu'ils
le veulent , une penfée fauffe femble acquérir de la jufteffe , & un
fentiment peu naturel rentrer dans
l'ordre de la nature.

J'ai donné le nom de magie

à la déclamation, & en la voyant
nous conduire à nous affliger de
pompeufes chimeres, quelquefois
plus fincerement que ne feroient
plufieurs d'entre nous pour des
évenemens qui interrefferoient
leurs parens ou leurs amis, on
ne m'accufoit pas de la décorer
d'un titre trop faftueux. On m'en
accufera encore moins, à l'in-
fpection du nouveau tableau que
je viens de préfenter.

Jufqu'ici nous avons confideré
les fineffes de l'art du Comédien,
feulement par rapport à ce qui
conftitue leur effence. Nous allons
les confiderer par rapport à leur
différente deftination. Les unes
appartiennent particuliérement au
Tragique. Les autres ne conviennent qu'au Comique.

CHAPITRE XIII.

Des finesses qui appartiennent au Tragique.

ON croit avec raison, que l'objet de la Tragédie est d'exciter de grands mouvemens. On conclud de-là, que les Acteurs Tragiques ne peuvent trop continuellement s'y livrer, & l'on se trompe. Souvent il importe que dans les instans, où il semble aux ames communes qu'ils devroient montrer la plus violente agitation, ils affectent la plus parfaite tranquillité. Les principales finesses de leur jeu sont renfermées dans l'art de savoir employer à propos ce contraste.

La Tragédie se proposant de ne nous représenter la nature que par les côtés les plus imposans, le premier devoir des Comédiens, qui

chauſſent le cothurne, eſt de donner à chacun de leurs perſonnages
tout l'air de grandeur dont il eſt
ſuſceptible. Jamais un Héros n'eſt
plus grand que lorſque de puiſ-
ſans interêts, des malheurs acca-
blans, de cruelles offenſes, de
vaſtes projets, ou de preſſans dan-
gers, ne peuvent tirer ſon ame de
ſon aſſiette naturelle. Plus l'Acteur Tragique, ſans contredire les
ſuppoſitions de l'Auteur, nous
offrira cette image, plus il prou-
vera ſon habileté.

Les Horaces ſont les trois guer-
riers, ſur leſquels Rome ſe repoſe
de ſon ſort. Albe fait le même
honneur aux trois Curiaces. Ces
deux familles ſont unies par les
liens les plus chers. Corneille met
dans le jeune Horace & dans le
dernier des Curiaces le même
déſir de la gloire, le même dé-
vouement pour la patrie, mais
afin de varier ſes caractères, il
feint que le ſecond a plus de peine

que le premier, à triompher des sentimens de l'amour & de l'amitié. Combien d'Acteurs Tragiques, pénétrant mal les intentions de ce Poëte sublime, défigurent la magnanimité du Défenseur de Rome! Ils se hâtent de métamorphoser sa force d'esprit en férocité, & dans le tems qu'il n'est encore que Héros, ils en font un sauvage qui n'a rien d'humain que la figure & la voix. Encore quelquefois ne tient-il pas à eux, qu'il ne ressemble à l'homme ni par l'une ni par l'autre; je ne dis pas lorsqu'il verse le sang de Camille, (ils seroient alors excusables) mais lorsqu'il ne pense qu'à lui inspirer sa fermeté par ces vers,

* Armez-vous de constance, & montrez-
     vous ma sœur,

Et si par mon trépas il retourne vainqueur,
Ne le recevez point en meurtrier d'un
     frere,

* *Act.* 2. *Scen.* 4. *de la Tragédie des Horaces.*

Mais en homme d'honneur qui fait ce qu'il
    doit faire ,

Qui sert bien son païs , & sait montrer à
    tous

Par sa haute vertu, qu'il est digne de vous.

Comme si je vivois, achevez l'Himenée.

Mais si ce fer aussi tranche sa destinée ,

Faites à ma victoire un pareil traitement.

Ne me reprochez point la mort de votre
    Amant.

. . . .

Cependant il est évident qu'Horace donne d'autant plus les marques d'une ame élevée , que faisant à Rome un des plus grands sacrifices , il paroît plus tranquille.

Dans la Tragédie des Machabées, Mizaël raconte les cruautés inouies , exercées sur ses freres. A cette affreuse peinture , la mere de ce jeune Héros s'arme d'une religieuse intrepidité , mais malgré ses efforts les sentimens de la nature l'emportent , & pendant un moment l'Héroïne fait place à la mere. Mizaël s'en apperçoit, & la douleur de déchirer ainsi le cœur de la personne, qu'il cherit le plus, l'engage à suspendre son récit. Elle lui dit, *Acheve*. La Comédienne, qui a remis depuis quelque tems ce rôle au Théâtre, prononce ce mot avec le même sang froid que si elle demandoit la suite de la relation d'un leger accident, arrivé à des personnes qui lui seroient étrangeres. Elle redouble par cet art notre admiration pour son Héroïne, qui percée des plus rudes coups rassemble toutes ses forces, afin de ne pas se laisser abattre aux yeux de son fils, & de lui donner l'exemple des vertus dont elle lui dicte les leçons.

La faveur éclatante, dont Auguste honore Cinna, n'a pu détourner ce dernier de conspirer contre son bienfaicteur. Les desseins de ce fameux Conjuré sont découverts. Auguste le mande, pour lui annoncer * qu'il connoît toute sa perfidie. Qui ne voit que cet Empereur imprimera d'autant plus de respect, qu'il laissera moins éclater d'emportement, & que plus il a sujet d'être irrité de l'ingratitude d'un traître qu'il a comblé de biens, & qui veut le priver du trône & de la vie, plus on sera frappé de remarquer en lui la majesté d'un Souverain qui juge, & non la colere d'un ennemi qui insulte?

Qui ne voit aussi, que moins on paroît étonné de la grandeur des projets qu'on a conçus, plus on donne une haute idée des ressources qu'on a pour les exécuter, & que par conséquent Mitridate produira plus cet effet, en communiquant † d'un air simple à ses fils le plan des opérations, par lesquelles il espere d'abaisser la fierté de Rome, qu'en le leur

* *Cinna. Act. 5. Scen. 1.*
† *Mitridate. Act. 3. Scen. 1.*

détaillant avec emphafe , & du ton d'un homme qui veut qu'on admire l'étendue de fon genie & la fupériorité de fon courage ?

De même , qui peut difconvenir qu'on ne fe rende fufpe't de n'être pas bien affermi contre le danger , lorfqu'on fait beaucoup de bruit à fon approche ; qu'au contraire notre mépris pour la mort fe manifefte par la tranquillité avec laquelle nous l'envifageons ; qu'ainfi la fœur d'Héraclius & Leontine prouvent mieux, combien peu de terreur excitent en elles les menaces de Phocas, fi elles difent à cet ufurpateur avec une froide gravité ,

* Tyran , defcens du trône , & fais place à ton maître.

† Devine , fi tu peux , & choifis , fi tu l'ofes.

que fi elles prononcent ces vers

* *Heraclius. Aɛt. 1. Scen. 2.*
† *Ibid. Aɛt. 4. Scen. 3.*

d'un ton déclamatoire, & avec de violens transports ?

Après avoir lû ces réflexions, on ne doutera plus que la hauteur des sentimens ne soit une condition essentielle pour jouer la Tragédie. Un Acteur qui n'a point l'ame élevée, bien loin de pouvoir employer les contrastes que nous exigeons, est à peine capable de les imaginer. Comment saura-t-il faire l'usage convenable de ces oppositions dans des rôles où elles sont fréquemment nécessaires ? Comment espere-t-il donc de jouer, d'une maniere à satisfaire les Connoisseurs, plusieurs rôles des Pieces de Corneille, de M. de Voltaire, & du fameux Auteur Tragique que M. de Voltaire se fait gloire d'avouer pour son maître *, & que Corneille ne feroit

* M. de Voltaire, dans son Discours de remerciement à l'Académie Françoise, rend à M. de Crebillon cet hommage également honorable & pour l'un & pour l'autre.

point difficulté de reconnoître
pour son rival ?

Ce n'est pas seulement, lorsque
ce peut-être un moyen de donner
un air plus grand à un personnage,
qu'on doit éviter la déclamation.
On le doit aussi, lorsque le Poëte
s'est permis des ornemens trop
recherchés dans un endroit, qui
ne demandoit que des expressions
simples & touchantes. Plus un Comédien débitera fastueusement le
récit de Théramene, plus le luxe
épique de ce récit paroîtra déplacé.

Dans d'autres occasions, il y a
de l'adresse à employer la pompe
du débit. Tantôt avec ce secours,
tantôt avec celui de la véhémence,
les Acteurs réussissent à sauver plusieurs défauts dans les Tragédies,
particulierement à nous faire croire qu'une frase inutile ajoûte quelque chose à ce qu'a dit l'Auteur,
ou à nous dérober le gigantesque
d'un sentiment.

La

La Confidente de Médée lui difant*, *Que vous refte-t-il ?* Corneille dans un divin enthoufiafme fait répondre par cette Princeffe, *Moi.* Malheureufement il s'eft trouvé embarraffé à remplir l'hémiftiche fuivant, & Médée continue, *Moi, dis-je, & c'eft affez.* Plufieurs Spectateurs ne s'appercevront pas de l'inutilité de cette répétition : peut-être même regarderont-ils ces mots, *Et c'eft affez,* comme un dévelopement néceffaire de ce qui précéde, fi l'Actrice, après avoir prononcé le premier *Moi* avec une froideur majeftueufe, met dans le fecond une certaine emphafe ?

Le même Auteur, emporté par fon feu, & il faut convenir que cela lui arrivoit quelquefois, prête à Sabine dans les Horaces † un fentiment tout-à-fait déraifonnable,

---

* Tout le monde connoît cet endroit de la Médée de Corneille, à laquelle malgré le nom de fon Auteur les Comédiens ont préferé celle de Longepierre.

† *Act. 2. Scen. 6.*

R *

en lui faisant dire à son époux &
à son frere,

Que l'un de vous me tue, & que l'autre
 me venge.

Sabine montre-t-elle un emportement, qui puisse faire présumer
qu'elle n'a plus l'usage de sa raison ? Le peu de vraisemblance de
sa proposition est moins sensible.
Cette sœur de Curiace propose-
t-elle avec tranquillité à un frere
& à un mari, de devenir ses assas-
sins ? Elle révolte tout le monde
par une folie si extraordinaire.

On objectera que Corneille, par
la texture même du discours, semble exiger que l'Actrice donne à
ses paroles un air réfléchi. Mais
c'est à une Maîtresse de l'art, de
savoir surmonter cette difficulté,
en prenant d'abord le ton analo-
gue à celui de l'Auteur , & en
passant par des degrés insensibles
à l'agitation , qui seule peut faire
excuser le délire de Sabine.

Sans doute on s'attendoit , qu'en

parlant des vers redondans, je ci-
terois celui,

    * Ou qu'un beau defefpoir alors le fe-
       courût.

Mais ne jugeant point, comme
plufieurs Critiques, que ce vers
foit une inutilité, je prétens que
l'Auteur ne pouvoit l'omettre fans
rendre fa penfée incomplette. A la
queftion, *Que vouliez-vous qu'il fît
contre trois ?* Un pere ne doit répondre, *Qu'il mourût*, qu'en fup-
pofant que fon fils a été dans l'im-
puiffance de vaincre. Souvent j'ai
vû des Comédiens déployer toute
leur véhémence à ces mots, *Qu'il
mourût*, & paffer rapidement le
refte de la réponfe. J'imagine au
contraire, qu'il faut prononcer
froidement le premier membre
de la frafe, & le fecond avec une
extrême chaleur.

    En analifant ainfi le dialogue
d'une Piece Tragique ; en évitant
que ce qui n'eft pas défaut, foit

    * *Dans la même Tragédie, Act. 3. Scen. 6.*

regardé comme tel ; en nous cachant les vraies fautes, ou en les palliant ; enfin en ajoûtant un nouvel éclat aux beautés ; vous obtiendrez la réputation de jouer la Tragédie avec finesse. Pour soutenir cette réputation dans certaines scenes de dissimulation, telles que celles d'Arianne avec Thesée, de Médée avec Jason, de Mitridate avec Monime, vous aurez besoin d'une grande délicatesse de jeu. Le talent d'allier dans ces scenes la majesté du cothurne & le manége adroit d'une fausseté artificieuse, n'est donné qu'à un petit nombre d'Acteurs & d'Actrices.

Il n'est pas accordé à un plus grand nombre, d'avoir la finesse de tact, nécessaire pour garder, dans les Tragédies dont les sujets sont pris de l'histoire moderne, le juste milieu entre le ton du haut Tragique & celui de la simple Comédie héroïque. Plusieurs

Acteurs, dès qu'ils se dépouillent de l'habit Grec & Romain, semblent perdre le privilége de parler & d'agir en Héros. D'autres semblent ignorer que comme la tendresse, la grandeur a plusieurs caractères; qu'elle a chez certaines Nations une austérité rigide, & chez d'autres plus de douceur, & qu'il y a quelquefois entre les mœurs des hommes autant d'éloignement qu'entre les époques dans lesquelles ils ont vêcu *.

* Le Théâtre gagneroit beaucoup, si les Comédiens s'appliquoient à étudier, non-seulement ces différences, mais encore celles qui distinguent les manieres des hommes des differens siécles & des differens pais. Pour l'ordinaire sur nos Théâtres, Egyptien, Parthe, Germain, tout a l'air François. Peut-être notre Nation, accoutumée à n'approuver que ses usages, se révolteroit-elle les premieres fois qu'elle verroit nos Acteurs dans la Tragédie emprunter les usages des Nations de leurs personnages? Dans la suite elle approuveroit la réforme, & applaudiroit aux Réformateurs. Du moins ne peut-on disconvenir qu'une observation plus exacte du *costume* ne rendît la Représentation plus vraie. Outre que cette attention de la part des Comédiens donneroit plus de vérité au Spectacle, elle y jetteroit plus de varieté.

CHAPITRE XIV.

Des finesses particulieres au Comique.

VOUS devez dans la Tragédie nous présenter toûjours votre personnage sous les faces qui lui sont le plus avantageuses. Dans la Comédie, vous êtes souvent obligé de nous le présenter sous celles qui le lui sont moins. Elle se plaît singulierement à nous peindre l'homme extravagant & foible.

On a vû dans la premiere Partie de cet Ouvrage *, que par un air ridiculement précieux, plûtôt que par un sentiment réfléchi, quelques personnes mettoient une grande distance entre le Comique noble & ce qu'elles appellent injurieusement le bas Comique. En

* Livre 1. chap. 1. pages 79. & 80.

examinant d'un œil connoiſſeur pluſieurs des Pieces qu'elles rangent dans cette derniere claſſe, elles y trouveront pour le moins autant d'invention & d'eſprit que dans telle autre à laquelle elles accordent beaucoup plus d'eſtime. En liſant ce Chapitre, elles reconnoîtront auſſi qu'il ne faut pas moins de génie à un Acteur, pour être ſupérieur dans un genre, que pour exceller dans l'autre. Pourvû qu'elles m'accordent cette verité, je conviendrai que dans le premier il eſt plus néceſſaire que dans le ſecond, d'avoir la connoiſſance & l'uſage du grand monde.

L'un & l'autre genre nous montrent la nature imparfaite, mais le Comique noble ne nous la montre que polie par l'éducation. Ainſi les premiers Acteurs Comiques ſont reſtraints à copier les ridicules que la vanité & la frivolité font regner ſucceſſivement parmi les gens du bel air : je dis, que la vanité & la frivolité font regner ſucceſſivement, car la mode, particulierement en France, influe ſur les travers comme ſur les ajuſtemens.

Au lieu que le Comique noble ne nous montre la nature que polie par l'éducation ; le Comique du genre oppoſé nous la montre privée de cette culture. A cette difference près, non-ſeulement les deux genres ont le même objet, celui de nous corriger ou du moins de nous amuſer par la peinture des égaremens de l'eſprit & des foibleſſes du cœur, mais encore ils puiſent leurs fineſſes dans les mêmes ſources, dont le nombre ſe réduit à deux. Les Acteurs Comiques excitent notre gayeté, ou par l'air riſible qu'ils prêtent à leurs perſonnages, ou par le talent qu'ils ont de nous faire rire des autres perſonnages de la Piece.

Il eſt une infinité de moyens de ſatisfaire à la premiere obligation. Celui, auquel il faut principalement avoir recours, eſt de profiter des circonſtances, qui peuvent ſervir à faire ſortir le caractère de votre perſonnage. L'homme, dont vous nous offrez le portrait, eſt un Avare? Deux bougies ſont allumées dans ſa chambre. Il doit naturellement en éteindre une. Vous nous peignez un faux Liberal? Il eſt contraint de faire une largeſſe, & le hazard veut qu'il laiſſe tomber quelque monnoie. Il doit la ramaſſer, & ſe hâter de la remettre dans ſa bourſe.

Preſque toûjours les caractères les plus ſimples ſont mixtes. Chaque imperfection eſt l'aſſemblage de pluſieurs autres. Sachez donc décompoſer le défaut que vous avez à nous peindre, & développez-nous, autant que la conſti-

tution de la Piece pourra le permettre, ceux qu'il traîne à sa
suite. Nous sommes accoutumez
à voir un Envieux chagrin & bruf-
que. Un Sot paroît toûjours content de lui, & croit toûjours que
les autres doivent l'être.

Attachez-vous sur-tout à copier *
les tics, qui chez les gens de l'état
de votre perfonnage ont coutume
d'accompagner fon ridicule dominant. Repréfentez-vous un Suffi-
fant titré? Ayez l'air diftrait, &
ne regardez que rarement celui à
qui vous adreffez la parole. Un
Petit-Maître de Robe? Prenez des
manieres affectées & précieufes.
Dites avec langueur, *Cela eft af-
freux. Il y a de quoy périr. Je fuis
furieux, defefperé.*

Non-feulement profitez des
moindres circonftances, pour faire
fortir le ridicule de votre perfon-

* Je fuppofe toûjours que cela peut s'accorder avec la conftitution de la Piece. On doit
foufentendre la même condition par rapport à
ce qui fera dit dans les Paragraphes fuivans.

nage , s'il en a quelqu'un ; non-
seulement développez-nous les défauts , qui entrent dans la com-
position de son caractère , & prê-
tez-lui les tics communs chez les
personnes de sa condition : mais
encore , si par hazard l'Auteur a
négligé de le caractériser par quelque travers , suppléez-y , en lui
donnant ceux qu'on peut vraisem-
blablement lui supposer. Si vous
jouez le rôle du Valet d'un Ri-
che impertinent , qu'on remarque
en vous ce que peut sur les Domestiques la contagion des mauvais exemples de leurs Maîtres.
Empruntez le ton & le maintien
du Fat que vous servez. Lorsque
vous serez sur la scene avec quelque honnête Artisan , qu'on lise
dans vos yeux & dans votre action
le plaisir que les personnes d'une
condition vile ont à humilier quelqu'un , dont ils envient la fortune
sans la respecter.

Dans le jeu des passions qui agitent votre perſonnage , vous ne trouverez pas un moindre fond de Comique. Ici , c'eſt une jeune perſonne tendre & ingénue. Ses ſentimens doivent éclatter par mille expreſſions naïves , telles que celles employées ſi heureuſement dans la Comédie de l'Oracle par une Actrice , dont on peut recommencer plus d'une fois l'éloge ſans craindre d'ennuyer les Lecteurs. Là , c'eſt une Amante diſſimulée , qui veut cacher qu'elle aime , mais qui à chaque moment par quelque ſigne involontaire laiſſe deviner ſon amour. En quelques occaſions, c'eſt l'art dont uſe une Belle pour accorder les bienſéances avec ſes déſirs. D'autres fois , c'eſt le chagrin de ne pouvoir porter cet art auſſi loin qu'elle le déſireroit. Une Comédienne charmante , chez qui le naturel n'ote rien à la fineſſe , & chez qui la fineſſe n'eſt jamais aux dépens du naturel , nous offre ingénieuſement ce dernier tableau dans les Trois Couſines *. Après qu'elle a grondé Marotte & Louiſon de ce qu'elles ont promis qu'elle iroit en pelerinage avec ſon Amant & avec ceux de ces jeunes perſonnes, elle frappe rudement du pied la terre, en diſant, *Quand eſt-ce qu'ils partent ?* Ce ſeroit une choſe commune que ce mouvement, dans l'inſtant où Colette condamne l'imprudence des deux Filles de la Meuniere. Notre Actrice a des vûes plus fines. Ne plaçant cette marque de dépit, que lorſqu'elle s'informe du tems du départ de ſon Amant, elle exprime qu'elle eſt principalement occupée de la crainte de ne pas faire une aſſez longue réſiſtance, pour perſuader à ſes Parentes, que la ſeule complaiſance la détermine à acquitter leur promeſſe.

Voulez-vous d'autres manieres de nous faire rire de votre per-

* *Act. 3. Scen. 4.*

fonnage ? Que fes actions foient quelquefois contraires à fes intentions. Nous fommes toûjours divertis par un Amant, qui tranfporté d'un violent courroux contre fa Maîtreffe, veut la fuir, & qui par habitude prend le chemin de l'appartement de cette Beauté ; par un Étourdi, qui dit fort haut ce qu'il défire de tenir fecret ; par un Balourd, qui chargé de deux lettres pour des maifons fituées l'une à droite & l'autre à gauche, ne fait pas attention, en fe retournant, que la maifon, qui étoit à fa gauche, eft maintenant à fa droite.

Certaines difparates ne produifent pas moins d'effet au Théâtre. Dans la Comédie des Folies Amoureufes*, Albert ne partant point à la mefure, & alléguant pour fon excufe qu'il n'a pas l'honneur d'être muficien, Agathe s'écrie,

* *Aĉt.* 2. *Scen.* 6.

Pourquoi donc , Ignorant , viens tu , ne
    sachant rien ,

Interrompre un concert , où ta seule pré-
    sence

Cause des contretems & de la discordance?

Vit-on jamais un âne essayer des bémols ,

Et se mêler au chant des tendres Rossignols?

Les Spectateurs les plus atrabilai-
res ne garderont point leur se-
rieux , en voyant Crispin s'incliner
modestement , comme s'il avoit
part à l'application que la Belle fait
du nom de Rossignol ?

    Après avoir songé à rendre
votre personnage risible , vous
devez chercher , si vous vous pro-
posez de jouer finement , à nous
réjouir aux dépens des autres personnages de la Comédie. Vous
pouvez souvent y réussir avec les
seuls secours que la Piece vous
offre.

    Ces secours sont de deux espe-
ces. Par les uns, votre leçon vous
est toute dictée , & pour les mettre

à profit, vous n'avez qu'à rendre litteralement votre rôle. Les autres ne vous servent qu'autant que vous savez en faire usage. De ce nombre sont certaines ironies délicates, certaines allusions malignes, qui ne sont pas distinctement prononcées par le dialogue. Elles vous fournissent les moyens de briller, mais en même tems elles ont besoin de votre art, pour paroître avec tous leurs agrémens.

L'allusion renfermée dans ce vers,

> * Je m'amuse à chercher des simples dans ces lieux.

échappera à plusieurs personnes, si le Comédien ne détache pas du reste de la frase le mot *simples*, & s'il ne nous avertit par une inflexion naïvement caustique, que Crispin donne à ce mot vis-à-vis de nous une autre signification, que vis-à-vis d'Albert.

* *Folies Amoureuses. Act.* 1. *Scen.* 5.

Qu'une

Qu'une Actrice dans le Tartuffe, sans changer de ton au dernier hémistiche du second vers, dise,

* Il est bien difficile enfin d'être fidéle

A des certains maris, *faits d'un certain modéle.*

Combien de gens ne soupçonneront point, qu'Orgon est le modéle dont veut parler Dorine?

Une des ressources les plus sures que vous puissiez trouver dans la Piece, pour nous divertir aux dépens des autres personnages, est l'occasion que l'Auteur vous donne de parodier quelques-uns d'eux. Ces imitations sont fréquentes dans la Comédie. Elles sont supposées être dictées, tantôt par le ressentiment, ainsi que dans la scene du Misantrope, où Celimene emprunte les tons, par lesquels la prude & jalouse Arsinoë a couvert du voile de l'amitié ses discours desobligeans; tantôt par

* *Act.* 2. *Scen.* 2.

S *

le simple enjouement , comme lorsque Damon dans le Philoso-phe Marié repete après Celiante ,

* Ce portrait-là n'est pas fort à votre avantage ,
  Mais malgré vos défauts je vous aime
  à la rage.

Et lorsque Pasquin dans l'Homme à bonnes Fortunes †, affectant les grands airs de son Maître , adresse à Marton les mêmes discours te-nus par Moncade à cette Suivante, *Suis-je bien , Marton ?.... Adieu , mon Enfant.... Je vous souhaite le bon jour.*

Autant ces imitations plaisent-elles , quand elles sont rendues avec la finesse convenable , autant deviennent-elles froides & insipi-des , quand elles n'ont pas cet avantage. Dans ce dernier cas, c'est un portrait sans vie. Dans l'autre , c'est un portrait qui res-pire & qui pense.

* Act. 2. Scen. 5.
† Act. 1. Scen. 12.

Plusieurs personnes de Théâtre
ne mettront, entre les imitations
que je viens de citer, d'autres
differences que celles qu'y suppo-
sent la condition & le sexe des
personnages. Les Acteurs & les
Actrices, d'un ordre supérieur, y
en mettront de plus délicates. Ils
remarqueront qu'il est permis à
Damon & à Pasquin de faire
éclatter leur malice ; qu'au contraire Celimene doit dissimuler la
sienne ; que Damon & le Valet de
l'Homme à bonnes Fortunes peuvent copier tous les tons de Celiante & de Moncade, mais que la
Maîtresse du Misantrope ne peut
emprunter que quelques-uns de
ceux d'Arsinoë ; que si elle ne doit
pas de fort grands égards à une
fausse amie, elle s'en doit à elle-
même, & qu'il faut qu'elle évite
d'amener entr'elles la rupture à
un éclat deshonorant pour l'une
& pour l'autre.

Lorsque les grands Acteurs ne

peuvent tirer de la Piece les fe-
cours dont ils ont befoin , ils les
tirent de leur propre génie. Gui-
dés par ce maître, ils s'ouvrent plufieurs routes qui les conduifent au
but propofé.

Ce fera quelquefois un trait de
malignité , femblable à celui ima-
giné par l'Actrice qui repréfente
la Comteffe dans l'*Inconnu*. Au di-
vertiffement du troifieme Acte*,
une prétendue Bohemienne , en
feignant de tirer l'horofcope de la
Comteffe , lui dit ,

Votre cœur eft brigué par quantité d'A-
mans.

Mais le premier de tous pourroit s'en rendre maître ,

Si le dernier , fans fe faire connoître ,

Ne vous infpiroit pas de tendres fentimens.

* Feu Dancour , comme on fait , a fubftitué
aux anciens Intermedes de la Comédie de l'Inconnu cinq nouveaux Divertiffemens. Il s'agit
ici de celui qu'il a compofé pour le troifieme
Acte. On trouve les paroles de ces Divertiffemens dans le Recueil des œuvres du Comédien
que je cite.

La Comédienne, à qui s'adresse
ce discours, se tourne malicieuse-
ment du côté du Marquis *, après
avoir entendu ce derniers vers,
& pour peu qu'on se souvienne
de l'effet produit par le coup d'œil
moqueur qu'elle lui jette, on reconnoîtra combien le génie de
l'Auteur gagne à être aidé de celui du Comédien.

Souvent c'est un contretems,
qui nous réjouit d'autant plus qu'il
cause plus d'impatience à quelque
personnage. Deux personnes s'in-
troduisent dans une maison. Il importe à l'une, qu'on ignore qu'elle
y est entrée. L'autre, par le bruit
qu'elle fait, l'expose à être découverte. Un Maître croit ne pouvoir assez-tôt lire une lettre que
son Valet lui apporte. Celui-ci le
desespere par la lenteur avec laquelle il la cherche, ou par l'é-

* Il faut se souvenir que le Marquis est en-
même-tems & ce premier Amant & l'Inconnu
dont parle la fausse Bohemienne, mais que la
Comtesse n'en est pas instruite.

tourderie avec laquelle il prend
un papier pour un autre. Erafte,
dans les Folies Amoureufes *, ou-
vre avec empreffement le billet
qu'Agathe, à la faveur d'un feint
délire muſical, a trouvé le moyen
de lui remettre. On compte qu'il
va lire tranquillement ce billet.
Tout à coup Crifpin interrompt
fon Maître, en repetant à plufieurs reprifes les dernieres notes
chantées par la jeune Pupille
d'Albert. Cette faillie eft extrêmement comique, parce qu'on
ne peut qu'être agréablement furpris par l'obftacle imprévû qui
trouble la lecture d'Erafte. Cette
même faillie a de plus le mérite
d'être dans la plus exacte vraifemblance, parce que la fureur du
chant femble être une maladie,
dont nous ne pouvons prefque
nous garantir, lorfque nous avons
entendu beaucoup chanter ou
jouer des inftrumens. De pareils

* Act. 2. Scen. 7.

contretems , inventés & placés
avec art , renferment un double
avantage. Ils nous font rire , &
du personnage qui en est la cause,
& de celui qui en souffre quelque
incommodité.

Je rendrois ce Chapître trop
long, si je voulois indiquer tous
les moyens par lesquels , en représentant un personnage , on nous
procure l'occasion de nous moquer des autres personnages de
la Piece. Pour ne pas ennuyer les
Lecteurs , je passe aux conseils
qu'on peut donner aux Comédiens sur ce qui regarde en général l'usage des finesses.

CHAPITRE XV.

Régles à observer dans l'usage des finesses.

PAR divers exemples que j'ai rapportés, il est aisé de s'appercevoir que plusieurs finesses contribuent seulement à rendre la Représentation plus agréable. Autant qu'il est possible, elles doivent, de même que celles qui sont destinées à la rendre plus vraie, naître naturellement des suppositions établies par l'Auteur, & lorsqu'elles n'ont pas cet avantage, on désire du moins qu'elles ne paroissent pas trop recherchées.

Sur-tout il ne faut point vouloir donner de l'esprit à la personne que vous représentez, lorsqu'elle est censée devoir n'en point avoir, ou n'en avoir que peu. Il ne faut pas non plus employer une finesse , qui suppose dans le personnage une entiere liberté de raison , lorsque le trouble qui l'agite ne lui permet pas d'avoir une certaine attention à ce qu'il fait & à ce qu'il dit.

Ces deux régles sont fondées sur une qui est la base de toutes les autres. Quand on ne peut mettre de finesse sans nuire à la vérité , il est essentiel de préférer le jeu vrai au jeu fin.

A cette maxime j'ajoûterai celle-ci. Il est plus sage de n'employer aucune finesse , que d'en hazarder de manquées. En fait d'impressions agréables , nous aimons mieux n'en point éprouver , que d'en éprouver d'imparfaites.

Quelquefois, pour vouloir jouer trop finement un rôle , on le joue moins bien. Les traits ingénieux ne réussissent qu'autant qu'ils partent de source , & l'on ne commande pas toûjours au génie. Dispensant librement ses richesses , il ne les accorde jamais à qui veut les obtenir de force. Quand il refuse d'aider les Comédiens, ils ne doivent point songer à lui faire violence.

Pourvû que leur jeu soit vrai, il plaira suffisamment au plus grand nombre. Montmeny, qui représentoit si admirablement l'Avocat Patelin, le vieux Débauché dans Turcaret, le Valet dans les Bourgeoises à la Mode, M. de Lorme dans les Trois Cousines, & en general tous les Paysans, jouoit très-médiocrement le rôle du Philosophe Marié. Du moins y étoit-il fort inférieur à l'Acteur ingénieux qui le premier a représenté ce personnage, & à un autre Comédien *, appellé de la Pro-

---

* Ce dernier Acteur, encore plus estimable par ses mœurs que par son esprit & ses talens, non-seulement joue beaucoup plus finement que *Montmeny* le rôle du Philosophe Marié, mais fait valoir extrêmement, dans la Piece de *Mélanide*, le rôle de *Théodon* qui joué par *Montmeny* n'avoit pas obtenu les applaudissemens qu'il mérite

vince pour réparer une des plus grandes pertes que le Théâtre de Paris ait faites. Cependant, parce qu'il étoit toûjours vrai & naturel, il étoit applaudi par la multitude dans ce rôle comme dans les autres, & peut-être l'auroit-il été moins, si en forçant son génie pour jouer avec plus de finesse, il se fût exposé à jouer avec moins de vérité ?

CHAPITRE XVI.

Des Jeux de Théâtre.

ENTRE les finesses, les unes peuvent produire leur effet, quand même nous ne regarderions point l'Acteur. D'autres, dépendant de son action, ont besoin d'être vûes, pour être senties. Ces dernieres se nomment *Jeux de Théâtre*. Par rapport aux Auteurs Dramatiques, l'acceptation de cette dénomination est moins bornée, mais par rapport aux Comédiens, elle signifie seulement ce qui peut faire tableau pour le Spectateur *.

Ainsi que les autres finesses, les Jeux de Théâtre contribuent à la vérité ou au seul agrément de la Représentation. Ceux de la premiere classe conviennent autant à la Tragédie qu'à la Comédie. Les autres au contraire sont particuliérement du ressort de la Comédie.

Plus ceux-ci ont une liaison intime avec l'intrigue de la Piéce, plus sans doute ils sont parfaits. Mais cela n'est pas absolument essentiel. Il suffit qu'ils n'y soient pas contraires, & qu'ils soient vraisemblables.

* En général il ne peut y avoir trop de Jeux de Théâtre de toute espéce dans la Comédie. Il ne peut en particulier y en avoir trop de ceux de l'espéce dont il est ici question. Une Comédie est faite pour être jouée, non pour être simplement récitée. Dire qu'elle gagnera beaucoup à la lecture, c'est dire qu'elle manque de plusieurs des agrémens qu'on exige dans la Représentation.

Pendant qu'Albert s'entretient avec Erafte , Crifpin fait diverfes tentatives pour s'introduire chez le Jaloux. Ne pouvant y réuffir , il s'en dédommage en fouillant dans la poche du Tuteur d'Agathe. Ces deux incidens font totalement inutiles à la marche de la Comédie , mais ils n'y nuifent point. De plus, ils excitent notre gaieté , fans bleffer la vraifemblance. Il eft très-naturel que, foit par le défir de fervir Erafte , foit par le plaifir d'impatienter Albert , foit enfin par fimple curiofité , Crifpin cherche le moyen d'avoir une converfation avec Agathe, ou du moins avec la Suivante de cette Belle. Lorfqu'Albert, pour s'oppofer au deffein de ce défefpérant Valet , l'arrête de façon qu'il ne peut échapper; il n'eft pas non plus extraordinaire que Crifpin, tant pour fe venger du Jaloux que pour l'obliger de le

* *Folies amoureufes* , *Act.* 2. *Scen.* 4.

laisser libre, s'amuse à recorder les leçons qu'il a reçues en faisant la guerre avec les Miquelets.

Les Jeux de Théâtre, qui contribuent à la vérité de la Représentation, & ceux qui servent seulement à la rendre plus agréable, peuvent être exécutés par une seule personne, ou ils ont besoin du concours de plusieurs Acteurs.

Dans les deux suppositions, nous voulons que les mœurs soient toûjours respectées. Il sied à la Comédie d'être enjouée, non d'être libertine. Tout badinage, dont les femmes ne peuvent rire avec décence, lui est interdit. On ne lui permet pas même le badinage, qui dégénére en platte bouffonnerie. Le Comédien ne doit point travestir Thalie en une vile Baladine.

Lorsque les Jeux de Théâtre dépendent du concours de plusieurs Acteurs, ceux-ci doivent se concerter tellement, qu'il régne dans le rapport de leurs positions

& de leurs mouvemens toute la précision néceſſaire. Phedre enleve l'épée d'Hyppolite. L'Acteur & l'Actrice n'ont-ils pas pris leurs meſures avec aſſez de juſteſſe, pour ne pas ſe trouver dans cet inſtant trop éloignés l'un de l'autre, & pour que l'Actrice n'ait pas beſoin de chercher l'arme dont elle veut ſe ſaiſir? Ce tableau n'a plus l'air vrai.

Si, des Acteurs étant ſuppoſés éprouver la même impreſſion, leur action doit être de même genre, ils ont deux regles à obſerver.

La vraiſemblance exige que le degré de leur expreſſion ſoit proportionné au degré d'interêt, que leurs perſonnages prennent à l'action qui ſe paſſe ſur la ſcene. Dans les images que nous offre le Spectacle, de même que dans les Tableaux, la Figure principale doit avoir toûjours ſur les autres le privilege de fixer principalement les regards.

Il n'eſt pas moins eſſentiel, dans les Jeux dont il s'agit, que les attitudes & les geſtes des divers Acteurs contraſtent enſemble le plus qu'il eſt poſſible. Tout au Théâtre doit être varié. Nous y portons le goût pour la diverſité, à un tel point que nous voulons non-ſeulement que les Acteurs different entr'eux, mais encore que chaque jour ils different d'eux-mêmes, du moins à certains égards. C'eſt ce qui fera le ſujet du Chapitre ſuivant.

CHAPITRE XVII.

De la Variété.

IL n'eſt pas douteux que la variété ne ſoit néceſſaire aux Acteurs, qui veulent en même tems primer dans les deux genres dramatiques. Il ne l'eſt pas non plus, qu'elle qu'elle ne le foit même à ceux qui fe bornent à l'un des deux genres, lorfque dans celui qu'ils choififfent, ils ne fe bornent pas à un feul caractere. Sur tout il eft manifefte que dans ce dernier cas elle eft encore plus effentielle à l'Acteur Comique qu'à l'Acteur Tragique.

La Comédie s'égaye indifféremment à tout peindre, & tout original eft bon pour elle, dès qu'elle efpere de faire rire de la copie. Moins libre dans le choix des fujets de fes tableaux, la Tragédie a coutume de n'offrir à nos regards que des perfonnages illuftres. Son principal objet eft de nous toucher par des malheurs extraordinaires, ou de nous étonner & de nous inftruire par de grands exemples, & elle fe met peu en peine que les Héros d'une Piece reffemblent à ceux d'une autre. Pourvû qu'elle nous conduife par l'incertitude, par la crainte & par les larmes,

T *

juſqu'à la cataſtrophe, nous ſom-
mes contens, & lorſque les Acteurs qu'elle introduit ſur la ſcene
ſont placés dans une ſituation in-
terreſſante & neuve, lorſqu'ils
agiſſent & parlent convenablement à leur ſituation, nous n'examinons point s'ils ont les mêmes
caracteres que nous avons vûs déja
pluſieurs fois au Théâtre. Nous ne
nous ennuyons pas même d'y voir
reparoître les mêmes Héros, ſi
par de nouveaux moyens ils nous
replongent dans de nouvelles allarmes.

Ainſi, au lieu que l'Acteur Tragique, même en embraſſant tous
les genres de la Tragédie, & en
jouant également dans le tendre,
dans le majeſtueux & dans le ter-
rible, ne repréſente jamais que
des hommes d'un ordre ſupérieur,
& n'a qu'un petit nombre de caracteres à copier, l'Acteur, qui
dans le Comique n'adopte pas
une eſpece particuliere de rôles,

repréſente des hommes fort di-
ſtans les uns des autres par la naiſſance, par la profeſſion , & par
les façons de penſer & de ſentir.
Dans une Piece, homme de Cour,
& dans une autre , ſimple Citadin ;
aujourd'hui , Militaire étourdi, &
demain grave Magiſtrat ; alterna-
tivement , impérieux & ſoumis,
badin & ſerieux , indifférent &
tendre, ſimple & ruſé , il doit chaque jour non-ſeulement changer
ſon extérieur, ſes tons & ſon action , mais encore , pour ainſi dire,
changer de maniere d'être.

Sur la difference que nous éta-
bliſſons entre l'Acteur Tragique
& l'Acteur Comique, les Comédiens penſent de même que le
Spectateur. Ils penſent auſſi de
même que lui ſur la néceſſité ,
dans laquelle ils ſont de prendre
diverſes formes, lorſqu'ils veulent
en même tems chauſſer le cothurne & le brodequin , & même lorſque ſe renfermant dans le genre

T ij

Comique, ils ont l'ambition d'y jouer des rôles de nature differente. Mais ils croyent être difpenſés de varier leur jeu, dès qu'ils ſe deſtinent à ne jouer que des rôles de même nature, & cette erreur produit au Théâtre une uniformité, qui n'eſt pas moins déraiſonnable qu'ennuyeuſe.

Quelque reſſemblance qui ſoit entre certains perſonnages, ils différent toûjours par quelques nuances. Le Beau-pere du Glorieux & l'Oncle du Philoſophe marié n'ont un même caractere que pour les Juges auxquels échappent ces nuances délicates. Liſimont & Geronte ſont tous les deux bruſques, mais ils le ſont de diverſes manieres, & par des principes différens. La bruſquerie du premier n'a rien d'arrogant ni d'injurieux. Celle du ſecond eſt hautaine & deſobligeante. L'une peut ſubſiſter ſans ſottiſe & ſans vices. L'autre ſuppoſe la groſſie-

reté de l'esprit & la dureté du
cœur. En s'appliquant à caractériser ce qui distingue ces deux Fi-
nanciers, l'Acteur fera disparoître
leur prétendue ressemblance. Qu'il
analise ainsi chacun des rôles qui
paroissent à peu près semblables.
De cette étude naîtra nécessairement de la diversité dans son jeu.

Ce n'est pas assez que les Comédiens varient leur jeu, lorsqu'ils
jouent des rôles qui se ressem-
blent. Il faut qu'ils le varient, lorsqu'ils jouent le même rôle. Le peu
d'attention qu'ils font à cet article, est une des principales causes
de notre répugnance à voir plusieurs fois de suite la même Piece.
Particulierement dans la Comédie rien n'est plus insupportable
que l'habitude constante d'un Acteur à employer toûjours dans les
mêmes instans les mêmes inflé-
xions, les mêmes gestes & les mêmes attitudes. Autant vaudroit-il
contempler assiduement dans une

montre le retour periodique des mêmes mouvemens. Il est des Jeux de Théâtre annexés à certaines Scenes, sur-tout dans les Pieces Comiques. On en souffre, & même on en aime la répetition, mais on ne veut point qu'ils soient toûjours répetés de la même maniere.

Les personnes de Théâtre ne sont pour l'ordinaire si uniformes, que parce qu'elles jouent plus de mémoire que de sentiment. Quand un Acteur, qui a du feu, est bien penetré de sa situation ; quand il a le don de se transformer en son personnage, il n'a pas besoin d'étude pour varier. Quoiqu'obligé, en jouant le même rôle, de paroître le même homme, il trouve le moyen de paroître toûjours nouveau.

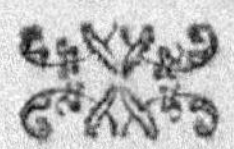

CHAPITRE XVIII.

Des Graces.

VOTRE Jeu est-il parfaitement vrai ? Est-il naturel ? Est-il fin & varié ? nous vous admirerons ; mais il vous manquera encore quelque chose pour nous plaire , si vous ne joignez à ces avantages les graces du débit & de l'action.

En annonçant que tout doit être majestueux dans la Tragédie, j'ai renfermé en un seul mot tout ce qu'on peut dire sur les graces qui lui sont propres. Si je n'avois craint de donner trop d'étendue au Chapitre dans lequel j'ai traité des finesses particulieres à la Comédie , j'aurois parlé des graces nécessaires aux Acteurs Comiques.

L'art d'emprunter ces graces est une des finesses les plus délicates du Comique noble. C'eſt dommage qu'il ne ſoit pas plus aiſé de définir cet art, que d'en donner des préceptes : on peut dire ſeulement qu'en general il conſiſte à rendre la nature élegante juſques dans ſes défauts. Si l'on veut mieux le connoître, qu'on faſſe attention à la maniere, dont un Comédien, que j'ai déja cité pluſieurs fois, joue le Chevalier à la Mode, le Fat puni, & le jeune Libertin de l'Ecole des Meres. Ces rôles à la verité ſont des plus avantageux qu'il y ait au Théâtre : mais plus ils renferment d'agrémens, plus ils exigent chez l'Acteur cette eſpece d'élégance, dont il eſt ici queſtion.

Quiconque n'eſt pas capable de donner à ſon jeu cette élegance aimable, fera ſagement de renoncer au haut Comique, & ce que je conſeille aux Acteurs, je le recommande encore plus aux Actrices. A la rigueur, ſans avoir les airs de nos femmes de Cour,

elles peuvent se charger du rôle
de la Comtesse dans le Joueur, &
de quelques autres rôles semblables dans les Comédies du dernier siecle. Mais qu'elles n'entre-
prennent point de jouer le rôle
brillant de Celiante dans le Philosophe marié. Jaloux de ne voir
alterer aucune des beautés d'une
Piece, qui, si l'on n'en connoissoit
pas l'Auteur, pourroit être attri-
buée à Moliere, nous voulons trouver en Celiante une folle, mais
nous souhaitons qu'elle extrava-
gue en folle de qualité.

Dans l'exemple du rôle de Celiante, on peut prendre une idée
de ce que j'ai eu précisément en
vûe, lorsque j'ai dit * que les premiers Comiques devoient toûjours
nous représenter la nature, sinon
corrigée, du moins polie par l'éducation. Il est sensible qu'en avançant cette maxime, je n'ai pas
pensé à la politesse proprement

* *Chap. 14. de cette seconde Partie.*

dite, à cette douce urbanité, le lien des eſprits & des cœurs, toûjours attentive à l'obſervation des égards, mais les obſervant toûjours de maniere que la perſonne, qui les reçoit, n'en eſt pas gênée, & que celle, qui les a, n'en paroît pas avilie. Si dans divers rôles du haut Comique on eſt obligé de nous peindre cette urbanité, non ſeulement dans pluſieurs autres on en eſt diſpenſé, mais encore c'eſt un devoir d'en violer les regles. Autant Melite* en eſt fidelle obſervatrice, autant ſa ſœur s'y aſſujettit peu. Communément nos Petits-maîtres ne s'y aſſujettiſſent pas davantage, & quelquefois c'eſt une fineſſe d'art chez l'Acteur, de ſuivre leur exemple en ce point, même ſans que le dialogue ſemble l'éxiger. Le Tuteur de la Pupille avertit le Chevalier, de ne plus compter ſur l'amour de cette Belle. Que le jeune Etourdi réponde

* L'épouſe du Philoſophe marié.

d'un ton simple d'interrogation, *Plait-il, Monsieur?* Il ne paroîtra qu'avoir mal entendu ce qu'on lui a dit. Qu'il prenne au contraire un ton ironique & avantageux. Par cette derniere impertinence, il ajoûtera une force de touche au caractere de fatuité qu'il a fait éclater dans les scenes précedentes. Il s'agit donc moins dans les rôles de cette nature, de nous offrir le portrait d'une personne dont la bonne Compagnie a formé & perfectionné les mœurs, que de nous offrir celui d'une dont l'exterieur est façonné par le commerce des gens du bel air.

Ce vernis seduisant, cet élegant je ne sais quoi, qui nous charme dans le jeu comique du genre noble, y est par-tout nécessaire. Il varie selon les tableaux, mais on veut toûjours le reconnoître. Tantôt, ce sont les graces vives & légeres, qui distinguent la Jeunesse Françoise, & qui seroient les plus

désirables de toutes, si elles n'é-
toient pas si souvent en divorce
avec les qualités solides & essentielles. Tantôt, ce sont des graces
moins enjouées. La gaieté frivole
du Petit-maître ne sied point au
Glorieux, ni même à l'Homme
à bonnes fortunes. Elle s'accorde
mal avec le caractere d'un Impor-
tant toûjours occupé du soin d'imprimer le respect, ou de la crainte
qu'on ne lui en manque, & avec
le sistême d'un Galant scelerat,
qui se fait une étude de tromper
méthodiquement des Beautés cré-
dules.

De même que l'Homme à bonnes fortunes, le Chevalier à la
Mode trompe plusieurs femmes.
Mais le dessein du premier est
d'allumer de vraies passions, & le
second ne songe qu'à faire naître
un entêtement de passage, qui
l'enrichisse. Pour exciter ces folies
momentanées dans quelques cer-
veaux feminins, l'étourderie & la

légereté sont souvent une recette suffisante. Elles sont donc permises au Chevalier à la mode. Elles ne le sont ni au Glorieux ni à Moncade. L'un & l'autre doivent nous montrer un dehors plus férieux, mais il faut que leur férieux se pare de tous les agrémens que supposent leur jeuneffe & leur condition, & dont peuvent s'accommoder leurs caractères.

Il n'importe pas moins, même en repréfentant des perfonnages auxquels les agrémens paroiffent être beaucoup moins effentiels, de ne pas négliger ceux qu'on peut leur prêter avec quelque vraifemblance. Orgon dans le Tartuffe eft un homme, qui pendant les troubles de l'Etat s'eft diftingué par fa fageffe & par fon courage. C'eft nous en préfenter une fauffe copie, que d'en faire un plat Bourgeois d'une petite Ville de Province. Le Beaupere du Glorieux eft un Financier, mais c'eft un Financier du tems préſent. Il peut être riſible par ſon ton familier, déciſif & bruſque, mais il ne doit point être groſſier dans ſon maintien ni dans ſon action.

Je dirai plus. Je ſoupçonne que le jeu, communément adopté pour quelques autres rôles, n'eſt pas raiſonnable. Pourquoi le Vadius & le Triſſotin des Femmes Savantes doivent-ils être peints plutôt comme des Pédans, dont toutes les façons ſont gauches & mauſſades, que comme des Auteurs qui peuvent être ridicules par leur prévention pour leurs ouvrages, ſans l'être à un certain point par leur extérieur ? Qu'ils ayent quelque affectation dans la marche, dans les geſtes, dans les tons : j'y conſens. Mais que par une charge abſurde on n'en faſſe point des Mamurras *.

Puiſque nous demandons des graces, même quand on copie des

* Nom du Pédagogue, qui ſert de Précepteur au fils du Grondeur.

défauts, à plus forte raison en de-
mandons-nous, quand on représente des personnages caractérisés
seulement par quelque foiblesse,
sur-tout si ces personnages sont
destinés à exciter l'interêt.

Par interêt, je n'entens pas
ici l'émotion tendre que produisent les malheurs de Melanide
& de l'Epouse de Durval *. J'entens seulement l'affection que
nous inspire un personnage, ce
sentiment auquel nous sommes
portés pour l'Agnés de l'Ecole des
femmes, pour l'Amante de Charmant, & pour Zeneïde, particulierement toutes les fois que ces
rôles sont joués par une Actrice,
dont les tons enchanteurs paroissent être le langage d'Hebé, de la
Nature & de l'Amour.

Dans ces rôles, les graces naïves
sont les plus importantes. Dans
d'autres, ce sont les graces nobles
qui sont les plus nécessaires. L'A-

* L'Heroïne de la Piece du *Préjugé à la Mode.*

mour bleſſant tous les cœurs des mêmes traits, les effets, que produiſent ſes coups, ſont les mêmes chez tous les hommes. Cependant ces effets ſelon la difference de l'éducation ſont accompagnés d'acceſſoires differens. Des Comédiennes, douées des talens de l'Actrice ci-deſſus déſignée, & d'une autre qui partage avec elle les rôles d'Amantes dans le haut Comique, ſentent & font ſentir cette difference. La tendreſſe chez elles, lorſque les circonſtances l'exigent, porte juſques dans ſes foibleſſes l'air de dignité.

Et qu'on ne croye pas que le privilege de nous réjouir ſoit incompatible avec les graces nobles. Suppoſé qu'on eût cette opinion, on la perdroit bientôt en voyant la ſeconde des deux Actrices, dont je parle, repréſenter la Veuve dans la Surpriſe de l'Amour *. La

* Celle que M. de Marivaux a donnée au Théâtre François.

nobleſſe

nobleſſe du jeu de la Comédienne n'empêche pas que nous ne ſoyons extrêmement divertis de l'illuſion d'une tendre Douairiere , qui à meſure-que ſon amour augmente , ſe perſuade qu'elle perd ſon amitié pour ſon Amant.

Qu'on ne croye pas non plus, que nous n'exigions des graces que chez les Acteurs qui jouent dans le haut Comique. Nous en exigeons même chez ceux dont les perſonnages ſont diſpenſés d'en avoir. Chaque objet eſt ſuſceptible d'une eſpéce de perfection , & ſur la ſcene il importe de n'en préſenter aucun qui ne ſoit auſſi parfait qu'il peut l'être. Que votre perſonnage reſſemble aux perſonnes de ſa condition ; mais qu'il leur reſſemble en beau. Colette au Théâtre n'eſt pas la même que dans ſon Village. Il doit y avoir entre ſes manieres & celles de ſes pareilles la même différence qui eſt entre ſes habits & ceux d'une Païſane ordinaire.

V *

CHAPITRE XIX.

De quelques parties de l'Art du Comédien, inférieures à celles qui jusqu'ici ont fait l'objet de nos réflexions.

APRÉS avoir essayé de faire connoître les parties les plus nobles de l'Art du Comédien, il me reste à parler de quelques-unes moins dignes d'estime, mais non moins nécessaires. Dans les chapitres précédens, j'ai considéré ce qu'une personne de Théâtre doit s'efforcer d'être, rélativement aux personnages qu'elle représente. Dans ce chapitre, je considérerai ce qu'elle doit observer, indépendamment de l'effet qu'elle veut que tel ou tel personnage produise.

De quelque nature qu'elle se propose que soit cet effet, elle ne peut se passer d'une articulation distincte.

L'habileté à marquer les suspen-
sions du sens , & à ne donner à chacune que la durée qu'elle doit avoir,
n'est pas moins essentielle dans la
récitation , que le soin de bien ar-
ticuler. Plusieurs Comédiens auroient besoin des conseils de quelque homme de lettres , pour réfor-
mer la mauvaise ponctuation des
Editions , dans lesquelles ils étu-
dient leurs rôles.

Il est une autre espéce de ponctuation qui n'est pas du ressort de
la Grammaire, & qu'ils ne doivent
point négliger. On peut l'appeller
ponctuation de prévoyance. C'est l'art
de se ménager adroitement un repos, afin de pouvoir débiter , sans
reprendre haleine , une longue suit-
te de paroles qu'il convient de réciter sans interruption.

Ce n'est pas assez que les Acteurs
articulent distinctement , & qu'ils
ponctuent avec intelligence. Il faut
qu'ils s'attachent à soutenir leurs finales. Souvent, si l'on nous dérobe

le dernier mot d'une frafe , nous
ne pouvons fentir toute la force du
fens , ou découvrir quelque rapport
que l'Auteur veut nous faire appercevoir.

En même tems qu'il nous importe de ne rien perdre de ce que dit le
Comédien , il nous importe de l'entendre avec plaifir. Nous lui avons
indiqué les principaux moyens ,
par lefquels il peut nous procurer
cette fatisfaction : nous n'avons pas
fait l'énumération de tous ceux qui
peuvent l'empêcher d'y réuffir. Ne
lui laiffons pas ignorer qu'une façon de parler indolente , une ref-
piration entrecoupée par de fré-
quens hoquets , l'habitude de fif-
fler en déclamant , & l'affectation
de pefer fur chaque fyllabe , ne nuifent pas moins que la monotonie à
l'agrément de la Repréfentation.

Quelques perfonnes de Théâtre
dans la Tragédie rendent par ce
dernier défaut leur déclamation pé-
dantefque. D'autres rendent leur

jeu froid, en négligeant d'appuyer
sur certains mots auxquels l'effet
du discours est principalement attaché, tels que ceux distingués par
des lettres Italiques dans ces Vers ;

*Au seul nom de César, d'Auguste, d'Empe-
　　reur,
Vous eussiez vû leurs yeux *s'enflâmer* de fureur,
Et dans un même instant, par un effet contraire,
Leur front pâlir d'horreur, & *rougir* de colere.
Amis, leur ai-je dit, voici le jour heureux
Qui doit conclure enfin nos desseins généreux,
Le Ciel entre nos mains a mis le sort de Rome,
Et son salut dépend de la perte d'un homme,
Si l'on doit le nom d'homme à qui n'a rien d'hu-
　　main,
A ce *Tigre* alteré de tout le sang humain.
Combien, pour le répandre, a-t-il formé de
　　brigues !
Combien de fois, changé de partis & de ligues !
Tantôt ami d'Antoine, & tantôt ennemi,
Et jamais *insolent* ni cruel à demi.

L'obligation de frapper avec force sur plusieurs termes n'est pas
égale pour tous les Tragiques. Elle
ne regarde ordinairement que ceux

* *Tragédie de* CINNA, Act. I. Scen. 2.

qui rempliſſent ſur la ſcene les principaux emplois. Nous avons dit
ailleurs, * que le degré d'expreſſion
chez les Acteurs devoit être proportionné au degré d'intérêt que
leurs perſonnages prenoient à l'a-
ction. Le débit doit être auſſi plus
ou moins mâle, ſelon que dans la
Piéce le perſonnage fait une figure
plus ou moins conſidérable.

C'eſt donc fauſſement qu'on pen-
ſe qu'il en eſt du Dialogue déclamé
comme de celui mis en Muſique, &
qu'un Acteur, en répondant, doit emprunter la même modulation, dont
s'eſt ſervi celui qui lui a parlé. Sans
doute il eſt néceſſaire que tous les
Comédiens parlent aſſez haut pour
être entendus. Donc il eſt une modulation au-deſſous de laquelle ils
ne peuvent jamais deſcendre, parce qu'autrement ce qu'ils diroient
ſeroit en pure perte pour une partie des Spectateurs. Il eſt auſſi peut-
être néceſſaire que dans les ſcenes

* Chap. des Jeux de Théâtre.

de pur raisonnement, ou dans celles entre deux personnages qui
éprouvent la même impression, les
Interlocuteurs employent une modulation commune. Mais dans les
autres scenes ils peuvent s'en dispenser. Il convient même que,
pour répandre plus de vivacité, ils
en usent ainsi. Les Tragiques principalement doivent avoir cette attention, & pour cela ils ont une
raison de plus. Un Sujet, quelque
élevé qu'il soit, a coutume, en
parlant à son Monarque, de mettre dans ses tons la même subordi-
nation qui est entre son rang & celui de ce Souverain. Nous exigeons
sur la scene cette dégradation de
nuances entre un Héros & son
Confident.

Aussi bien que la récitation, l'a-
ction a ses parties mécaniques. On
peut regarder comme telle la nécessité de se conformer à diverses régles prescrites pour les gestes, &
dont nous n'avons point fait mention.   V iiij

Chez un Comédien dont le perfonnage eſt deſtiné à exciter l'intérêt , non - ſeulement ils doivent être , ainſi que nous l'avons dit , naturels , expreſſifs , variés & nobles , mais encore il faut qu'ils ſoient plus ou moins développés , plus ou moins ſoutenus , ſelon la nature & la longueur des fraſes ; que ceux qui ſe ſuccédent , ayent entr'eux une eſpéce de liaiſon , & qu'on remarque , dans celui qui ſe fait actuellement , la ſuite de celui qui a précédé , & la préparation de celui qui va ſuivre ; ſur-tout que celui , employé à la fin du diſcours , ne ſe termine qu'avec le diſcours même , & qu'il annonce que l'Acteur ſe diſpoſe à garder le ſilence.

Outre ces régles , il en eſt pluſieurs autres. De ce nombre eſt celle de ne point uſer trop fréquemment de geſtes indicatifs , ce qui s'appelle jouer le mot , & donne un air puérile à la Déclamation. Les autres préceptes méritent peu de te-

nir ici leur place , & les Novices
les apprendront du Maître le moins
habile.

Je ne m'étendrai pas non plus fur
ce qui concerne la marche dans la
Tragédie , & l'art de remplir le
Théâtre dans les Monologues. A
l'égard du premier article, je me
crois feulement obligé d'avertir
qu'on a condamné juftement l'ufage des anciens Comédiens , qui,
dès qu'ils chauffoient le cothurne,
paroiffoient ne fe mouvoir que par
refforts , mais que les principaux
Acteurs Tragiques doivent s'éloigner également du ridicule d'une
démarche trop contrainte, & de
la trop grande fimplicité d'une
marche ordinaire.

CHAPITRE XX.

Objections.

MALGRÉ l'évidence des principes contenus dans cet ouvrage, peut-être quelques Comédiens s'obstineront à ne pas croire leur art aussi difficile que je le représente. Des enfans sont applaudis sur la scene. Il n'est pas possible, me dira-t-on, qu'ils ayent toutes les perfections que vous exigez.

Ce n'est presque pas la peine de réfuter ce raisonnement. Je ne niérai point qu'il y ait des talens prématurés. Un heureux naturel, une éducation soignée, un grand exercice, peuvent suppléer à l'âge chez certains sujets. Il n'est pas extraordinaire que leur enfance soit supérieure à la vieillesse de plusieurs personnes de Théâtre, s'ils ont plus travaillé en un court intervalle de tems, que celles-ci n'ont travaillé en toute leur vie. Mais ces exemples font rares. Avec beaucoup plus de mérite, & quelques années de plus, la plûpart des enfans que nous admirons, nous paroîtroient fort imparfaits.

On fait une feconde objection, & l'on cite des Actrices, qui ayant paſſé leurs jours dans la diſſipation & dans la molleſſe, ont acquis cependant un nom au Théâtre.

Pour argumenter fur de pareils faits, il faudroit qu'il fût bien certain que ces fujets fi vantés étoient véritablement dignes de tous les applaudiſſemens qu'ils ont reçus. J'ai déja prouvé * que fi quelques-unes des perſonnes de Théâtre, dont on nous fait tant d'éloges, n'ont point eu d'eſprit, elles n'ont pas excellé dans leur art, autant qu'on le prétendoit. Je ne craindrai point d'avancer ici, que même avec un eſprit fupérieur, fi par un travail opiniâtre elles n'ont pas

* Premiere Partie, Chap. I.

cultivé leurs talens, elles ont été fort éloignées de la perfection qu'on leur a supposée. Qu'une Comédienne ait charmé, tant qu'on voudra, le plus grand nombre de ses contemporains. Dans le siécle dernier, la multitude se trompoit, comme elle se trompe dans le nôtre. Que cette Comédienne ait été louée, même par des Poëtes célébres. Peut-être ne se connoissoient-ils pas mieux en déclamation que quelques-uns de nos beaux esprits modernes, & peut-être d'ailleurs le cœur avoit-il plus de part que l'esprit à leurs décisions ?

Il se présente une troisiéme objection, plus forte en apparence que les deux premieres. Sans étude, on donne dans la conversation à chaque idée, à chaque sentiment, le ton qui lui convient. Pourquoi des Comédiens ne pourroient-ils pas en faire autant pour les idées & les sentimens qu'ils sont obligés d'exprimer au Théâtre ?

Ma réponse sera courte. Tel homme qui, en parlant, a les inflexions les plus fines & les plus variées, lit quelquefois fort mal ses propres écrits, & le meilleur Lecteur conviendra qu'il a eu besoin de s'exercer long-tems, pour parvenir à lire, comme il faut, les ouvrages de certains genres, particuliérement les Contes & les Comédies en Vers. S'il se trouve tant de difficultés dans la simple lecture, combien en trouvera-t-on dans la Déclamation, qui est à la lecture ce qu'est un tableau à une esquisse simplement crayonnée.

CHAPITRE XXI.

Remarque qui ne sera peut-être pas inutile pour certains Acteurs.

PLus l'art de représenter les ouvrages dramatiques est difficile, plus il importe au Comédien de s'attacher à connoître ses forces, & de ne pas entreprendre au-delà de ce qu'elles lui permettent.

De tems en tems, le Théâtre nous offre des Prothées, capables de prendre toute forte de formes. On a vû la même Comédienne, également habile dans la fcience de toucher & dans celle de divertir, exciter à fon gré les larmes & les ris des Spectateurs. Un moment après avoir été prife pour la Veuve de Pompée, elle paroiffoit être la Soubrette de l'épouse de Georges Dandin, & Claudine réjouiffoit autant que Cornelie s'étoit fait plaindre & admirer. De même le Rofcius François, avant fes dernieres années, étoit tout ce qu'il vouloit être. C'étoit Joad, Achille, Pirrhus, Augufte, Néron. C'étoit le Mifantrope, l'Etourdi, le Jaloux, l'Homme à Bonnes Fortunes. Vous auriez cru que la Nature dans cet Acteur avoit mis plufieurs hommes différens.

Il est des personnes de Théâtre, qui, en se renfermant dans les bornes de leur talent, se distingueroient sur la scene. A l'exemple de ces grands modéles, elles embrassent tous les genres, & dans tous elles demeurent médiocres.

D'autres plus modestes n'en choisissent qu'un, mais elles ne choisissent pas celui pour lequel la nature les destinoit. Une Actrice a de l'esprit & de la finesse ; elle brilleroit dans le Comique. Elle n'a point l'élévation d'ame ni l'étendue de voix, nécessaires pour le sublime & pour le pathétique, & elle croit pouvoir jouer la Tragédie. Les seuls rôles de charge conviennent à ce Comédien. Il ne se plaît que dans ceux qui demandent des graces & de la noblesse. Cet autre Acteur est fait pour les personnages subalternes. Il n'est point content, s'il ne représente les Héros. J'ai rencontré plus d'un Comédien attaqué de cette folie. Un d'eux, voulant un jour paſſer d'une troupe dans une autre, parce que dans cette derniere on lui offroit les premiers rôles, communiqua ſon deſſein à un de ſes amis. *Peut-être ferez-vous bien*, lui répondit cet ami ſincere. *Du moins n'êtes-vous pas propre pour les perſonnages du ſecond ordre.*

CHAPITRE XXII.

Conclusion de cet Ouvrage.

AUx obſervations qu'on a lûes, je pourrois ajoûter l'examen de pluſieurs queſtions relatives à la matiere que je traite. Pour ne pas être trop long, je répondrai ſeulement à quelques-unes.

Il vient d'être fait mention de perſonnes de Théâtre, pour leſquelles le choix des rôles ſembloit être indifférent, & qui dans tous étoient également applaudies. N'auroient-elles pas encore plus excellé,

ſi,

si , optant entre le Tragique & le Comique , elles s'étoient appliquées à un seul de ces deux genres ?

Je n'oserois l'affirmer , mais je sais qu'en général cela doit être ainsi , chaque genre demandant lui seul une si longue étude , & l'un exigeant souvent des parties fort opposées à celles dont on ne peut se passer dans l'autre. J'avouerai même , que je crois impossible de réussir en même tems à un certain point dans la Tragédie , & dans certains rôles comiques. Par exemple , malgré l'usage presque constamment établi , je n'approuverai jamais que le même Acteur entreprenne de représenter les Rois & les Païsans.

Une seconde question suit naturellement de la premiere. Est-il plus aisé de se distinguer dans la Comédie que dans la Tragédie ?

Les avantages naturels , qu'on désire également chez les Acteurs Tragiques & chez les Comiques , doivent être plus parfaits chez les premiers. D'autres avantages dont les Tragiques ont befoin , & qui ne font pas néceffaires aux Comiques , font plus rares. Par conféquent il fe trouve moins de fujets propres pour la Tragédie que pour la Comédie. Il n'eft pas douteux non plus, que les parties , qui concernent l'extérieur du Comédien , ne demandent une moins longue culture chez l'Acteur Comique que chez le Tragique. A l'égard de celles qui regardent la fineffe du jeu , peut-être exigent-elles du premier beaucoup plus d'étude qu'elles n'en exigent du fecond. Ici , je parle de la fineffe du jeu , requife pour jouer le Comique proprement dit. Des Piéces dénuées de toute action Théâtrale , & qui ne font qu'un tiffu de converfations , feront repréfentées toûjours avec fuccès & fans beaucoup de travail, même par des Comédiens d'un médiocre talent , dès qu'ils auront des graces,

un peu d'ufage du monde, & quelque intelligence.

Pour un Acteur qui fe deftine
au cothurne, quelles font les Tragédies les plus faciles à jouer, de
celles de Corneille, ou de celles
de Racine ?

Sur cet article, une perfonne de
Théâtre doit fe confulter elle-même. Telle Piéce, pour un Comédien, fera plus facile à jouer, &
pour un autre fera plus difficile.
Celles qu'un Acteur jouera le
mieux, feront celles qui auront le
plus de rapport avec fon caractère.
Si la tendreffe eft fa paffion favo-
rite, qu'il choififfe Racine. Si le
grand & le majeftueux font plus
d'impreffion fur lui que le tendre
& le délicat, qu'il préfére Corneille.

Par mes réponfes à ces trois feu-
les queftions, on doit conclure
que pour jouir d'un Spectacle parfait, il faudroit prefque avoir des
Comédiens, non-feulement pour
X ij

chaque genre de Piéces, mais encore pour chaque espéce particuliere de rôles.

De cette conséquence j'en tirerai une autre, par laquelle je terminerai cet Ouvrage. On se plaint que d'excellens Acteurs, qui, pour se prêter aux besoins du Théatre, représentent une infinité de personnages différens, ne réussissent pas dans quelques-uns. On devroit au contraire être surpris, qu'obligés d'étudier sans cesse de nouveaux rôles, ils en jouent supérieurement un si grand nombre. Bien loin de les rebuter par une injuste censure, acordons leur toute l'estime qu'ils ont droit d'attendre de nous. Évitons aussi de décourager par une sévérité déraisonnable les Acteurs Novices, qui joignent, aux avantages naturels que leur Profession exige, l'émulation nécessaire pour mériter par la suite nos applaudissemens.

Sur-tout, ne nous laissons point

gagner par la manie triste des ad-
mirateurs du tems passé, lesquels
croyent que le présent lui est toûjours inférieur. Désirons avec eux,
que certains rôles soient joués avec
plus de vérité, d'autres avec plus
de feu, quelques-uns avec plus de
graces ; mais ne nous dissimulons
point que nos peres, ainsi que nous,
ont eu souvent occasion de faire
de pareils souhaits.

FIN.

TABLE

DES CHAPITRES.

PREMIERE PARTIE.

LIVRE I.

SECONDE PARTIE.

Fin de la Table.

Nous, un tiers à l'Hôtel-Dieu de Paris, &
l'autre tiers audit Exposant, ou de ceux qui
auront droit de lui, à peine de confiscation,
dommage & intérêts; à la charge que ces Présentes seront enregistrées tout au long sur le Re-
gistre de la Communauté des Libraires & Imprimeurs de Paris, dans trois mois de la datte d'i-
celles; que l'impression dudit Ouvrage sera faite
dans notre Royaume & non ailleurs en bon
papier & beaux caractères, conformement à
la feuille imprimée attachée pour modéle sous
le contre-scel des Présentes, & que l'Impé-
trant se conformera en tout aux Reglemens
de la Librairie, & notamment à celui du dix
Avril 1725 qu'avant de l'exposer en vente, le
Manuscrit qui aura servi de copie à l'impression
dudit Ouvrage, sera remis dans le méme état
où l'Approbation y aura été donnée, ès mains
de notre très-cher & féal Chevalier le Sieur
Daguesseau, Chancelier de France, Com-
mandeur de nos Ordres; & qu'il en sera ensuite
remis deux Exemplaires dans notre Bibliothe-
que publique, un dans celle de notre Château du
Louvre, & un dans celle de notre très-cher & féal
Chevalier le Sieur Daguesseau, Chancelier
de France; le tout à peine de nullité des Présentes: Du contenu desquelles vous mandons
& enjoignons de faire jouir l'Exposant, ou ses
ayans cause, pleinement & paisiblement, sans
souffrir qu'il leur soit fait aucun trouble ou em-
péchement. Voulons que la copie des Présentes,
qui sera imprimée tout au long au commencement ou à la fin dudit Ouvrage, soit tenue
pour dûement signifiée, & qu'aux copies col-
lationnées par l'un de nos amez & feaux Con-
seillers & Sécretaires, foi soit ajoutée comme
à l'original: Commandons au premier notre
Huissier ou Sergent sur ce requis de faire pour
l'exécution d'icelles, tous actes requis & né-

cessaires, sans demander autre permission, non-
obstant clameur de Haro, charte Normande &
Lettres à ce contraires: Car tel est notre plaisir.
Donné a Versailles le vingt-quatriéme jour
du mois de Mars, l'an de grace mil sept cent
quarante-sept, & de notre Regne le trente-
deuxiéme. Par le Roi en son Conseil

Signé, S A I N S O N.

*Régistré sur le Régistre XI. de la Chambre
Royale & Syndicale des Libraires & Imprimeurs
de Paris, Nº 780. Fol. 688. conformément au
Réglement, de 1723. qui fait défenses Art. 4. à
toutes personnes de quelque qualité qu'elles soient,
autres que les Libraires & Imprimeurs de vendre,
débiter & faire afficher aucuns Livres pour le
vendre à leurs noms, soit qu'ils s'en disent les
Auteurs ou autrement, à la charge de fournir à
ladite Chambre Royale & Syndicale des Libraires & Imprimeurs de Paris huit Exemplaires de
chacun, prescrits par l'Art. 108. du même Réglement. A Paris le 18. Avril 1747.*

Signé, C A V E L I E R, Syndic.

EXPLICATION
DES VIGNETTES.

Fleuron du Frontispice.

Vertumne, tenant un masque, & ayant à ses pieds un Caméléon.

I. Vignette, page 13.

Le Buste de *Roscius*, orné de Guirlandes par les divers Génies du Théâtre.

II. Vignette, page 17.

Les trois *Graces*, que *Melpoméne* & *Thalie* appellent à leur secours.

III. Vignette, page 131.

Le *Génie* personifié, introduit par *l'Etude* dans un Cabinet, où l'on voit sur une table plusieurs Masques, qui expriment différens caractéres.

Les Libraires, qui débitent cet Ouvrage, vendent aussi la troisiéme Édition du Mémoire composé par M. REMOND DE SAINTE ALBINE, sur le Laminage.